2016, das Jahr des Affen, war ein schwieriges Jahr: Am Ende heißt der Präsident Trump. Dabei beginnt es für Patti Smith mit drei Konzerten im Fillmore West, dem Hippie-Tempel in San Francisco. Doch die alten Freunde sind nicht mehr dabei. Auf einer langen Rückreise von West nach Ost besucht Smith sie: Sandy Perlman, der im VW Bus zu ihren Konzerten kam, oder Sam Shepard, ihren ersten Freund. Sie liest Bolaño, sucht Zeichen und sammelt mysteriöse Bonbonpapiere am Strand. Am Ende jenes Jahres feiert sie ihren 70. Geburtstag.
Fesselnd, nachdenklich und überraschend humorvoll, illustriert von Smiths charakteristischen Polaroids, ist *Im Jahr des Affen* ein weiterer Beweis für die unerschöpfliche Energie und widerständische Kreativität der »Godmother of Punk«.

»Patti Smith hat ein bemerkenswertes Gespür für den Sound und den Zauber von Worten; ihre Texte sind lyrisch und bildhaft zugleich.«
Michiko Kakutani, The New York Times

Patti Smith, geboren 1946 in Chicago, Rockmusikerin, Dichterin, Performance-Künstlerin, Malerin und Fotografin. Seit dem Album »Horses« (1975) gilt sie als Ikone der Punk-, Wave- und Frauenbewegung. 2007 wurde Patti Smith in die Rock'n'Roll Hall of Fame aufgenommen. 2008 zeigte sie ihr künstlerisches Werk in Paris. Ihr erstes Buch *Just Kids* erschien 2010 und wurde mit dem National Book Award ausgezeichnet. Zuletzt erschienen ihre Bücher *M Train* (2015) und *Im Jahr des Affen* (2020). Patti Smith hat zwei Kinder und lebt in New York City.

Weitere Informationen finden Sie auf www.fischerverlage.de

PATTI SMITH
IM JAHR DES AFFEN

Aus dem amerikanischen Englisch
von Brigitte Jakobeit

FISCHER Taschenbuch

Aus Verantwortung für die Umwelt hat sich der S. Fischer Verlag zu einer nachhaltigen Buchproduktion verpflichtet. Der bewusste Umgang mit unseren Ressourcen, der Schutz unseres Klimas und der Natur gehören zu unseren obersten Unternehmenszielen.

Gemeinsam mit unseren Partnern und Lieferanten setzen wir uns für eine klimaneutrale Buchproduktion ein, die den Erwerb von Klimazertifikaten zur Kompensation des CO_2-Ausstoßes einschließt.

Weitere Informationen finden Sie unter: www.klimaneutralerverlag.de

FSC www.fsc.org
MIX
Papier | Fördert gute Waldnutzung
FSC® C083411

Erschienen bei FISCHER Taschenbuch
Frankfurt am Main, Oktober 2022

Die Originalausgabe erschien 2019
unter dem Titel »Year of the Monkey«
bei Alfred A. Knopf, New York, Toronto.

Lizenzausgabe mit freundlicher Genehmigung des
Verlags Kiepenheuer & Witsch, Köln

Satz: Dörlemann Satz, Lemförde
Druck und Bindung: CPI books GmbH, Leck
Printed in Germany
ISBN 978-3-596-70688-4

Eine tödliche Torheit
kommt über die Welt.

– Antonin Artaud –

INHALT

IM ÄUSSERSTEN WESTEN

Es war weit nach Mitternacht, als wir vor dem Dream Motel hielten. Ich bezahlte den Fahrer, vergewisserte mich, dass ich alles hatte, und klingelte, um die Besitzerin zu wecken. Es ist drei Uhr nachts, sagte sie, gab mir aber trotzdem den Schlüssel und eine Flasche Mineralwasser. Mein Zimmer befand sich im untersten Stockwerk, mit Blick auf den langen Pier. Ich öffnete die Glasschiebetür und hörte das Rauschen der Wellen, begleitet vom leisen Bellen der Seelöwen, die ausgestreckt auf den Planken unter dem Kai lagen. Gutes neues Jahr!, rief ich. Gutes neues Jahr, wachsender Mond und telepathisches Meer.

Auf der gut einstündigen Fahrt von San Francisco hierher war ich hellwach gewesen, jetzt plötzlich fühlte ich mich schlapp. Ich zog den Mantel aus und ließ die Schiebetür einen Spalt offen, um den Wellen zu lauschen, fiel aber sofort in einen schlafähnlichen Zustand. Ich wachte jäh auf, ging ins Bad, putzte mir die Zähne, zog die Stiefel aus und legte mich ins Bett. Vielleicht träumte ich.

Neujahrsmorgen in Santa Cruz, ziemlich ausgestor-

Dream Inn

ben. Auf einmal überkam mich das Verlangen nach einem besonderen Frühstück: schwarzer Kaffee und Hafergrütze mit Frühlingszwiebeln. Die Chancen dafür standen hier nicht gut, aber eine Portion Eier mit Schinken würde es auch tun. Ich nahm meine Kamera und ging den Hügel hinunter Richtung Pier. Ein Schild, halb verdeckt von hohen, schlanken Palmen, ragte vor mir auf, und ich stellte fest, dass es gar kein Motel war. Auf dem Schild stand *Dream Inn,* und in der rechten Ecke prangte ein Strahlenkranz, der an die *Sputnik*-Ära erinnerte. Ich blieb stehen, um das Schild zu bewundern, und machte ein Polaroid, zog die Folie ab und steckte das Bild in meine Tasche.

– Vielen Dank, Dream Motel, sagte ich, halb an die Luft, halb an das Schild gerichtet.

– Es heißt Dream Inn!, korrigierte das Schild.

– Stimmt, sorry, sagte ich, leicht überrascht. Geträumt habe ich trotzdem nichts.

– Ach ja? Nichts?

– Nichts!

Ich kam mir vor wie Alice im Wunderland beim Verhör durch die Wasserpfeife rauchende Raupe. Um mich der prüfenden Energie des Schilds zu entziehen, senkte ich den Blick auf meine Füße.

– Trotzdem, danke für das Bild, sagte ich und wollte mich davonmachen.

Mein Weitergehen wurde jedoch durch das plötzliche Aufpoppen lebhafter Tenniel-Bilder vereitelt: Die falsche Suppenschildkröte. Der Fisch-Lakai und der Frosch-Lakai. Der Dodo, geschmückt in seinem einen prächtigen Jackenärmel, die hässliche Herzogin und der Koch, und schließlich Alice, die mürrisch eine endlose Teegesellschaft leitete, bei der, Verzeihung, kein Tee serviert wurde. Ich überlegte, ob die plötzliche Bilderflut selbst verschuldet oder der magnetischen Aufladung des Dream-Inn-Schilds zu verdanken war.

– Und was machst du jetzt gerade?

– Das ist mein Verstand!, rief ich entnervt, während die animierten Bilder sich rasend schnell vermehrten.

– Der wache Verstand!, gluckste das Schild triumphierend.

Um das Ganze zu stoppen, drehte ich mich weg. Aufgrund meines leichten Auswärtsschielens sehe ich tatsächlich oft, meistens rechts, solche hüpfenden Bilder. Außerdem ist mein Gehirn in vollem Wachzustand für alle erdenklichen Signale empfänglich, doch das wollte ich keinesfalls einem Schild gestehen.

– Ich habe nicht geträumt!, rief ich stur zurück und ging den Hügel hinunter, flankiert von flottierenden Salamandern.

Am Fuß des Hügels war ein niedriger Laden, auf dessen Fenster in ziemlich großen Buchstaben das Wort *Kaffee* stand, darunter ein Schild mit der Aufschrift *Geöffnet.* Wenn man dem Wort Kaffee so viel Platz einräumt, dachte ich, servieren sie bestimmt eine ziemlich gute Bohne und vielleicht sogar Donuts mit Zimt. Als ich jedoch die Hand auf den Türknauf legte, baumelte da ein kleineres Schild: *Geschlossen.* Keine Erklärung, kein *In zwanzig Minuten zurück.* Mich beschlich eine böse Vorahnung, was die Aussichten auf Kaffee anging, und eine noch bösere in Bezug auf Donuts. Wahrscheinlich lagen die meisten Leute noch mit einem Kater im Bett. Man kann es einem Café nicht verübeln, wenn es am Neujahrstag geschlossen bleibt, auch wenn Kaffee eigentlich das ideale Heilmittel nach einer durchfeierten Nacht wäre.

Ohne Kaffee setzte ich mich auf eine Bank vor dem Café und ging noch einmal die Ränder der vorigen Nacht durch. Es war der letzte von drei aufeinanderfolgenden Abenden, die wir im Fillmore in San Francisco auftraten, und ich zupfte gerade die Saiten meiner Stratocaster, als sich ein Typ mit fettigem Pferdeschwanz vorbeugte und auf meine Stiefel kotzte. Das letzte Röcheln von 2015, ein Sprühregen von Erbrochenem zur Einführung in das neue Jahr. Ein gutes oder ein schlechtes Zeichen? In Anbetracht der Weltenlage schwer zu sagen. Mit solchen Gedanken beschäftigt, suchte ich in meinen Taschen das Zaubernuss-Tuch, mit dem ich normalerweise meine Kameralinse reinigte, kniete mich hin, wischte meine Stiefel ab und wünschte ihnen ein gutes neues Jahr.

Auf dem Rückweg ins Motel schlich ich vorsichtig an dem Schild vorbei, als eine Kette von merkwürdigen Wendungen aufblitzte. Ich suchte in meinen Taschen nach einem Bleistift, um sie aufzuschreiben. *Aschgraue Vögel umkreisen die nachtbepuderte Stadt / Verlassene Wiesen, geschmückt mit Dunst / Ein mythischer Palast, der nur ein Wald war / Blätter, die lediglich Blätter sind.* Das dichterische Einfallslosigkeits-Syndrom verlangt, dass man Ideen aus der launischen Luft pflückt wie Jean Marais in Cocteaus *Orpheus,* der sich am Stadtrand von Paris in einer alten Garage in einem ramponierten Renault verschanzt, das Radio einschaltet und Satzfetzen auf kleine Zettel schreibt – *ein Tropfen Wasser enthält die Welt etc.*

Zurück in meinem Zimmer, fand ich ein paar Tütchen Nescafé und einen kleinen Elektrokocher. Ich machte mir Kaffee, wickelte mich in eine Decke ein, öffnete die Schiebetür und setzte mich auf die kleine Veranda mit Blick auf das Meer. Eine niedrige Mauer blockierte teilweise die Aussicht, aber ich hatte meinen Kaffee, hörte die Wellen und war halbwegs zufrieden.

Dann dachte ich an Sandy. Eigentlich sollte er hier sein, nur ein paar Zimmer weiter. Wir hatten uns vor den Auftritten im Fillmore treffen und die üblichen Dinge tun wollen: im Caffè Trieste Kaffee trinken, im City Lights Bookstore Bücherregale durchstöbern, über die Golden Gate Bridge fahren und die Doors, Wagner und Grateful Dead hören. Sandy Pearlman, ein Freund, den ich seit über vierzig Jahren kannte, der in kurzen schnellen Sätzen Wagners *Ring*-Zyklus oder ein Riff von Benjamin Britten zerlegte, war immer da, wenn wir im

Fillmore spielten, saß in seiner schlabbrigen Lederjacke und Baseballcap vor einem Glas Gingerale an seinem gewohnten Tisch hinter einem Vorhang nahe der Garderobe. Geplant war, dass wir uns nach dem Konzert am Silvesterabend absetzen und noch spät durch den dichten Nebel nach Santa Cruz fahren, um am Neujahrstag in seinem geheimen Taco-Lokal nicht weit vom Dream Motel zu Mittag zu essen.

Doch so weit kam es nicht. Sandy war am Tag vor unserem ersten Konzert bewusstlos auf einem Parkplatz in San Rafael gefunden und mit einer Hirnblutung in ein Krankenhaus in Marin County gebracht worden.

Am Morgen unseres ersten Konzerts gingen Lenny Kaye und ich in die Intensivstation in Marin County. Sandy lag im Koma, überall Schläuche, eingehüllt in gespenstische Stille. Wir standen je auf einer Bettseite und nahmen uns in Gedanken vor, bei ihm zu bleiben, eine Leitung offen zu halten und jedes Signal aufzufangen und anzunehmen. Nicht nur Scherben der Liebe, wie Sandy sagen würde, sondern das ganze Glas.

Wir fuhren in unser Hotel in Japantown zurück, kaum fähig zu sprechen. Lenny nahm seine Gitarre, und wir gingen ins On the Bridge, eine Kneipe, die sich an einem Verbindungssteg zwischen dem Ost- und Westteil der Mall befand. Dort saßen wir hinten an einem grünen Holztisch, beide starr vor Entsetzen. An den gelben Wänden hingen Poster von japanischen Mangas, *Hell Girl* und *Wolf's Rain,* und Reihen von Comics, die eher

Taschenbuchromanen glichen. Wir aßen, teilten uns feierlich einen Sake und brachen dann zum Soundcheck im Fillmore auf. Uns blieb nichts anderes übrig, als zu beten und ohne Sandys begeisternde Präsenz zu spielen. Wir stürzten uns in den ersten von drei Abenden voller Feedback, Poesie, improvisierter Tiraden, Politik und Rock 'n' Roll, spielten so hart, dass ich am Ende atemlos war, als könnten wir Sandy durch Schall und Musik erreichen.

Am Morgen meines neunundsechzigsten Geburtstags gingen Lenny und ich wieder ins Krankenhaus. Wir standen an Sandys Bett und schworen, ihn trotz aller Verpflichtungen nicht allein zu lassen. Lenny und ich sahen uns an, wir wussten beide, dass wir nicht bleiben konnten. Wir mussten arbeiten, Konzerte geben, unser Leben leben, egal wie nachlässig. Wir waren gezwungen, meinen neunundsechzigsten Geburtstag im Fillmore ohne ihn zu feiern. Am Abend, als wir *If 6 Was 9* spielten, drehte ich der Menge während des Instrumentalteils den Rücken zu und kämpfte mit den Tränen, während ein Wortschwall sich über den nächsten legte und mit Bildern von Sandy vermischte, der noch immer bewusstlos auf der anderen Seite der Golden Gate lag.

Als wir unsere Arbeit in San Francisco erledigt hatten, ließ ich Sandy zurück und fuhr allein nach Santa Cruz. Ich brachte es nicht übers Herz, sein Zimmer zu stornieren, und ich saß hinten im Wagen, mit seiner Stimme im Kopf. *Matrix Monolith Medusa Macbeth*

Metallica Machiavelli. Sandys M-Spiel, das ihn, angelockt von einer samtenen Quaste, bis hin zur Library of Imaginos führte.

Ich saß auf meiner Veranda, eingehüllt in eine Decke wie eine Genesende aus dem *Zauberberg,* als mich plötzlich merkwürdige Kopfschmerzen befielen, geschuldet höchstwahrscheinlich einem plötzlichen Luftdruckwechsel. Auf dem Weg zur Rezeption, um mir eine Aspirin zu holen, stellte ich fest, dass mein Zimmer nicht im Erdgeschoss, sondern im Souterrain lag, was den Weg zum Strand verkürzte. Ich hatte das vergessen und ging verwirrt durch den schwach beleuchteten Flur. Da es mir nicht gelang, die Treppe zur Rezeption zu finden, gab ich das Aspirin auf und ging wieder zu meinem Zimmer zurück. Als ich nach dem Schlüssel griff, fand ich eine eng aufgewickelte Rolle Verbandsmull, ungefähr so dick wie eine Gauloise. Ich entrollte ein Drittel davon und rechnete fast damit, eine Botschaft zu finden, doch da war nichts. Ich hatte keine Ahnung, wie sie in meine Tasche gelangt war, aber ich rollte sie wieder auf, steckte sie zurück und ging in mein Zimmer. Ich schaltete das Radio ein, Nina Simone sang gerade *I Put a Spell on You.* Die Robben waren still, ich hörte nur die Wellen in der Ferne, Winter an der Westküste. Ich legte mich ins Bett und fiel in einen tiefen Schlaf.

Ich war mir sicher, im Dream Motel nicht geträumt zu haben, doch bei längerem Nachdenken stellte ich fest, dass dem nicht so war. Um genau zu sein, schlitterte ich am Rand eines Traums entlang. Die als Nacht maskierte Dämmerung enttarnte sich als Tagesanbruch und beleuchtete einen Weg von der Wüste bis zum Meer, dem ich bereitwillig folgte. Die Möwen kreischten und krächzten, während die Seelöwen schliefen, nur ihr König nicht, der eher einem Walross glich, seinen Kopf hob und die Sonne anbellte. Ich hatte das Gefühl, als wären alle verschwunden, wie in einer von J.G. Ballards Dystopien.

Der Strand war mit Süßigkeitenpapieren übersät, Hunderte, vielleicht Tausende lagen auf dem Sand verstreut wie Federn nach einer Mauser. Ich ging in die Hocke, um sie mir näher anzusehen, und steckte eine Handvoll ein. Butterfingers, Peanut Chews, 3 Musketeers, Milky Ways und Baby Ruths. Alle geöffnet, aber keine Spur von Schokolade. Niemand war in der Nähe, keine Fußabdrücke, nur ein Gettoblaster, halb verdeckt von einem Sandhaufen. Ich hatte meinen Schlüssel vergessen, aber die Schiebetür war nicht verschlossen. Als ich wieder in mein Zimmer trat, sah ich, dass ich immer noch schlief, und wartete bei geöffnetem Fenster, bis ich aufwachte.

Mein Doppel-Ich träumte weiter, selbst unter meinem wachsamen Blick. Ich stieß auf eine verblasste Reklametafel, die verkündete, dass sich das Bonbonpapier-Phänomen bis nach San Diego ausgebreitet hatte, zu einem kleinen Strand, den ich gut kannte, gleich neben dem Ocean Beach Pier. Ich folgte einem Fußweg durch endloses Sumpfland, gesäumt von verlassenen schiefen Hochhäusern. Aus den Rissen im Beton wuchsen lange, schlanke Grasbäume, deren Äste wie blasse Arme aus den toten Gebäuden ragten. Als ich den Strand erreichte, war der Mond aufgegangen und erhellte die Silhouette des alten Piers. Ich war zu spät gekommen, alle Papiere waren zu Haufen zusammengerecht und angezündet worden, bildeten eine lange Reihe aus giftigen Feuern, die trotzdem recht hübsch aussahen, weil sich das brennende Papier einrollte wie künstliches Herbstlaub.

Ein schattenhafter Traum, und er entwickelte sich noch weiter! Vielleicht war es eher eine Heimsuchung, eine Vorahnung künftiger Dinge, gleich einem riesigen Stechmückenschwarm, schwarze Wolken, die auf Fahrrädern taumelnden Kindern den Weg verdunkeln. Die Grenzen der Realität hatten sich so verschoben, dass es notwendig schien, eine Karte dieser neuen Topografie zu erstellen. Man benötigte lediglich ein wenig geometrisches Vorstellungsvermögen, um alles darzustellen. Hinten in der Schreibtischschublade lagen ein paar Pflaster, eine verblichene Postkarte, ein Kohlestift und ein zusammengefalteter Bogen Transparentpapier, was ich als großes Glück empfand. Ich klebte das Papier an die Wand und versuchte, dem rätselhaften Gebilde nachzuspüren, brachte aber nur ein bruchstückhaftes Diagramm zustande, das die ganze unwahrscheinliche Logik einer Kinderschatzkarte enthielt.

Verschwinden à la J.G. Ballard

– Denk nach, schimpfte der Spiegel.

– Setz deinen Verstand ein, empfahl das Schild.

Meine Tasche war vollgestopft mit Bonbonpapieren. Ich legte sie auf den Schreibtisch neben die Postkarte, ein Bild der Panama-Pacific International Exposition, was mich auf die Idee brachte, dass ich vielleicht nach San Diego fahren und mich selbst am Ocean Beach umsehen sollte.

Im Laufe meiner unergiebigen Analyse hatte ich mir einen ziemlichen Appetit geholt. In der Nähe entdeckte ich ein Diner, das Lucy's, wo ich gegrillten Käse auf Roggenbrot, Blaubeerkuchen und schwarzen Kaffee bestellte. In der Nische hinter mir saßen ein paar Jugendliche, weit unter zwanzig. Ich hatte nicht darauf geachtet, was sie sagten, und eher dem Klang ihrer Stimmen gelauscht, die den Eindruck erweckten, als schwebten sie aus der am Tisch montierten und mit Münzen betriebenen Jukebox. Die Jukebox-Kids unterhielten sich leise, ein Summen, aus dem sich nach und nach Sätze schälten.

– Nein, es sind zwei Wörter, eine Adjektiv-Substantiv-Kombination.

– Auf keinen Fall, es sind zwei verschiedene Wörter, zwei völlig verschiedene Dinge. Das eine ist ein Adjektiv, das andere ein Substantiv.

– Sag ich doch.

– Nein, du hast gesagt, es ist eine Kombination. Aber das stimmt nicht.

– So ein Schwachsinn, sagte eine neue Stimme. Plötzliches Schweigen. Der Sprecher hatte offenbar Autorität, denn alle waren still und hörten zu.

– Es ist ein Gegenstand. Eine Beschreibung. Ein Gegenstand, ich sag's euch. Bonbonpapier ist ein Substantiv.

Ich horchte auf. Zufall oder was? Das Summen stieg wie Dampf von einem Block Trockeneis. Ich nahm meine Rechnung und blieb lässig an ihrer Nische stehen. Vier aggressiv coole Nerds.

– He, wisst ihr etwas darüber?, sagte ich und strich ein Papier glatt.

– Chews ist falsch geschrieben. Mit einem Z.

– Wisst ihr, woher das kommen könnte?

– Vielleicht ein Imitat aus China.

– Also, wenn ihr was hört, gebt Bescheid.

Während sie mich mit wachsendem Vergnügen musterten, nahm ich das unechte Peanut-Chews-Papier. Irgendwie war mir das falsche Z nicht aufgefallen. Die Frau an der Kasse öffnete gerade eine Rolle mit 25-Cent-Stücken. Mir fiel ein, dass ich kein Trinkgeld auf den Tisch gelegt hatte, und ich ging zu meiner Nische zurück.

– Übrigens, sagte ich und blieb vor den Teenies stehen, Bonbonpapier ist auf jeden Fall ein Substantiv.

Sie standen auf und zwängten sich an mir vorbei, ohne ein Trinkgeld zu hinterlassen. Mir fiel auf, dass jeder einen blauen Rucksack mit einem gelben Längsstreifen trug. Der letzte warf mir einen finsteren Blick zu. Er hatte dunkles, welliges Haar und schielte leicht mit dem rechten Auge, genau wie ich.

Mein Handy klingelte. Lenny rief an, um von Sandy zu berichten, allerdings gab es nichts Neues. Stabil, aber noch bewusstlos, wir konnten nur abwarten und beten. Ich schlenderte in einen Secondhandladen und kaufte spontan ein Batik-T-Shirt mit Jerry Garcias Gesicht. Hinten befanden sich zwei kleine Bücherregale mit Stapeln von *National Geographic,* Büchern von Stephen King, Videospielen und ungeordneten CDs. Ich entdeckte ein paar alte Nummern der *Biblical Archaeology Review* und ein abgegriffenes Taschenbuch von Gérard de Nervals *Aurélia.* Alles war billig, nur das Jerry-T-Shirt nicht, doch es war den Preis wert: Sein lächelndes Gesicht verströmte halluzinogene Liebe.

Zurück in meinem Zimmer, stellte ich überrascht fest, dass jemand mein Diagramm von der Wand genommen und aufgerollt hatte. Ich legte das Jerry-Shirt auf mein Kopfkissen, setzte mich in den Sessel und schlug *Aurélia* auf, kam aber kaum über den verlockenden ersten Satz hinaus. *Unsere Träume sind ein zweites Leben.* Ich driftete kurz in einen Revolutionstraum ab, Französische Revolution, mit jungen Männern in fließenden Hemden und Kniehosen. Ihr Anführer ist mit Lederriemen an ein schweres Tor gefesselt. Einer seiner Anhänger nähert sich ihm mit einer Fackel und hält sie ganz ruhig an die dicke Bindung, damit die Flamme sie durchbrennt. Der Anführer ist befreit, seine schwarzen Handgelenke von Blasen übersät. Er ruft nach seinem Pferd und erzählt mir dann, er habe eine Band namens Glitter Noun gegründet.

– Warum Glitter?, sage ich. Sparkle ist besser.

– Ja, aber Sparklehorse hat Sparkle schon verbraucht.

– Warum nicht schlicht und einfach Noun?

– Noun. Gefällt mir, sagt der Anführer. Nehmen wir Noun.

Er steigt auf seinen gescheckten Appaloosa und zuckt zusammen, als die Zügel sein Handgelenk streifen.

– Pass auf dich auf, sage ich.

Er hat dunkles welliges Haar und ein wanderndes Auge. Er nickt, reitet mit seinen Leuten in die ferne Pampa und hält an, um Wasser aus einem tosenden Fluss zu schöpfen, in dessen Strömung die gleichen falsch bedruckten Bonbonpapiere schwimmen wie kleine bunte Fische.

Ich wachte unvermittelt auf und schaute auf die Uhr, es war kaum Zeit vergangen. Zerstreut nahm ich eine der *Biblical Reviews* zur Hand. Ich habe sie immer gern gelesen, wie Ableger von Detektivgeschichten, stets kurz davor, ein aramäisches Fragment zu enthüllen oder die Reste von Noahs Arche aufzuspüren. Der Titel klang ziemlich faszinierend. *Tod am Toten Meer! Wurde König Saul an die Mauern von Bet Sche'an genagelt?* Ich grub in meinem Gedächtnis und hörte das klangvolle Mantra der Frauen, die die Rückkehr ihrer Männer aus der

Schlacht bejubeln. *Saul hat Tausend erschlagen, / David aber Zehntausend.* Ich suchte in der Schublade nach einer Gideon-Bibel, aber sie war in Spanisch verfasst. Dann fiel mir ein, dass Saul, verwundet durch einen feindlichen Pfeil, sich selbst in sein Schwert gestürzt hatte, um dem demütigenden Spott und der Folter der Philister zu entgehen.

Ich sah mich im Zimmer nach einer anderen Zerstreuung um, nahm meine Decke und ging wieder auf die Terrasse, wo ich mehrere Minuten lang die Peanut-Chewz-Hülle untersuchte, sich mir aber nichts erschloss. Ich hatte das ausgeprägte Gefühl, dass gleich etwas passieren würde, und befürchtete, es könnte etwas Schlimmes sein, etwas völlig Unerwartetes oder, noch schlimmer, ein tief greifendes Nicht-Ereignis. Ich schauderte und dachte an Sandy.

Stunden verstrichen. Ich machte einen Spaziergang, ging im Halbkreis um das Hotel und kam an der Ehrentafel für Jack O'Neill vorbei, der berühmte Surfer und Erfinder eines neuartigen Neoprenanzugs. Ich versuchte, mir Surfer aus alten *Gidget*-Filmen vorzustellen. Hatte Troy Donahue einen Neoprenanzug getragen? Oder Moondoggie? Waren sie überhaupt surfen? Ich gab mir Mühe, das Dream-Motel-Schild nicht anzusehen, als der Wind plötzlich auffrischte, die Palmen bedenklich schwankten und eine mäßig arrogante Stimme sich meldete.

Ayers Rock, Uluru

– Wieder am Träumen?

– Ganz und gar nicht, sagte ich mit Nachdruck. Keine Träume. Nicht ein einziger. Alles wie gehabt, es ist nichts passiert.

Das Schild wurde ausgesprochen lebhaft und traktierte mich mit Anspielungen und Suggestivfragen, quälte mich mit hinfälligen Telefonnummern und wollte die Reihenfolge der Stücke auf bestimmten Alben wissen, welches etwa der Song vor *White Rabbit* war oder der Song zwischen *Queen Jane Approximately* und *Just Like Tom Thumb's Blues.* Welcher Song genau war es? *Ballad of a Thin Man.* Nein, völlig falsch, aber der Gedanke an den Song setzte in mir den Refrain in Gang – *something is happening, but you don't know what it is.* Höchstwahrscheinlich wieder nur eine Provokation. Irgendwie war dieses Schild allwissend, wusste Bescheid über mein Kommen und Gehen, den Inhalt meiner Taschen einschließlich der Bonbonpapiere, meinen Silberdollar von 1922 und einen roten Steinbrocken vom Ayers Rock, den ich noch nicht gefunden hatte, auf einem Weg in Uluru, den ich noch nicht gegangen war.

– Wann brichst du auf? Du weißt, es ist ein langer Flug.

– Wohin zum Teufel meinst du denn? Ich gehe nirgendwohin, sagte ich selbstgefällig, darum bemüht, meine Gedanken an künftige Reisen zu verbergen, doch der große Monolith ragte beharrlich vor mir auf und schwamm wie ein betrunkenes U-Boot in meinem geistigen Meer.

– Natürlich fährst du! Ich weiß es genau! Die Zeichen sind unübersehbar. Überall roter Staub. Man muss nur die Zeichen lesen.

– Woher willst du das wissen?, fragte ich ziemlich genervt.

– Ungesunder Menschenverstand, erwiderte das Schild. Und bitte! Uluru! Die Traumhauptstadt der Welt. Natürlich fährst du hin!

Ein Liebespärchen ging vorbei, und plötzlich war das Schild wieder ein schlichtes Schild, stumm und unanfechtbar. Ich stand davor und wog die Lage ab. Das Dumme am Träumen ist, dachte ich, dass man in ein Rätsel hineingezogen werden kann, das gar keines ist, sondern absurde Beobachtungen und Selbstgespräche auslöst, die zu keinem einzigen auf der Wirklichkeit fußenden Schluss führen. Das Ganze erinnerte sehr an das verworrene Geplänkel zwischen Alice und dem verrückten Hutmacher.

Andererseits hatte das Schild meinen mehr als realen Wunsch erkannt, ins Herz der australischen Wildnis zu reisen, um den Ayers Rock zu sehen. Sam Shepard erzählte oft von seiner einsamen Wanderung nach Uluru und dass wir vielleicht irgendwann mal zusammen dorthin fahren, in Grenzstädten verweilen, durchs Outback fahren und um die sternförmigen Spinifex-Büsche herumgehen. Aber Sam litt an ALS, und wegen seiner zunehmenden körperlichen Beschwerden lösten sich unsere locker gesponnenen Pläne auf. Ich überlegte, ob mir das Schicksal durch die Stimme des Schildes in Aussicht stellte, den großen roten Monolithen auf eigene Faust zu besuchen und Sam trotzdem mitzunehmen, sicher verwahrt in einem unbekannten Bereich meines Wesens.

ES WAR ZEIT, Ausschau nach einem Lokal zu halten. Um den belebten Pier zu umgehen, streifte ich durch mehrere Seitenstraßen und hielt vor der Las Palmas Taco Bar. Obwohl ich noch nie dort gewesen war, kam mir der Laden bekannt vor. Ich setzte mich hinten an einen Tisch und bestellte schwarze Bohnen und Fisch-Tacos. Der Kaffee schmeckte nach einem Hauch Aztekenschokolade. Zweifellos etwas für Sandy. Ob das sein geheimes Taco-Lokal war? Irgendjemand schien die Hand bei meinen vermeintlich spontanen Ausflügen im Spiel zu haben. Langsam trank ich eine zweite Tasse und fühlte mich der Umgebung des Dream Motels gegen jede Vernunft verbunden. Vielleicht sollte ich lieber gehen, dachte ich, sonst ende ich noch wie der Soldat im *Zauberberg,* der einen Hügel hochsteigt und nicht mehr herunterkommt. Mit geschlossenen Augen stellte ich mir mein Zimmer vor, sah die geöffnete Schiebetür vor mir, die sich auf das rauschende Meer öffnete, verdeckt durch die niedrige Mauer, eine schlichte Zementmauer, vielleicht weiß gekalkt, sofern Zement nicht an sich schon weiß ist.

– Der kann jede Farbe haben, um Himmels willen. Pigmente. Pigmente.

War mir dieses verdammte Schild etwa bis zur Front Street gefolgt?

– Hast du Pekingente gesagt?, flüsterte ich. Eine merkwürdige kulinarische Empfehlung, wenn man am Meer ist. Du solltest lieber das Tagesgericht mit Makrele und diesem verfluchten obligatorischen Krautsalat vorschlagen, ein Gericht, das ich noch nie mochte.

– Krautsalat ist kein Gericht, sondern eine Beilage. Und ich habe PIGMENTE gesagt, nicht PEKINGENTE.

Ich verschloss mich jedem weiteren Austausch, trank meinen Kaffee aus, zahlte und eilte zurück, um diesem Schild höchstpersönlich die Meinung zu sagen.

– Du scheinst leicht nervös zu sein, sagte ich, um die Oberhand zu gewinnen.

Das Schild schnaubte.

– Außerdem siehst du ein bisschen blass aus. Du könntest selber ein paar Pigmente gebrauchen, vielleicht einen Klecks Himmelblau, um deinen schäbigen Stern aufzufrischen.

– Hm. Ich könnte dir einiges über Pigmente erzählen, piepte das Schild. Zum Beispiel über die verborgene Farbe von Wasser und wo man ihr Pigment findet, nämlich mehrere Reisestunden unter der Erde, wo gar kein Wasser mehr ist.

Offenbar hatte ich einen wunden Punkt getroffen, denn plötzlich war ich eingeschlossen in Wirbeln von durchsichtigem Wind. Unter mir öffnete sich donnernd ein Abgrund. Ich sank auf die Knie und sah ein Labyrinth von Hohlräumen, die prachtvolle Steinhaufen, goldenen Tand und Pergamentrollen bargen. Die wundersame unterirdische Welt, die ich mir als Kind vorgestellt hatte, mit Elfen und Gnomen und den Höhlen von Ali Baba. Ein großes Glücksgefühl durchströmte mich, dass solche Dinge wahrhaftig existierten. Eine Freude, der rasch Bedauern folgte. Eine trotzige Wolke zog an der Sonne vorbei und ließ die Kühle in der Luft weichen, dann war alles wieder wie zuvor. Ich stand vor meinem ebenbürtigen Gegner und wartete auf meine Strafe.

– Es gibt viele Wahrheiten, und es gibt viele Welten, sagte das Schild feierlich.

– Ja, erwiderte ich ziemlich kleinlaut. Und du hattest recht. Ich habe tatsächlich geträumt, viele Träume, und sie waren viel mehr als Träume, als wären sie der Dämmerung des Verstands entsprungen. Ja, ich habe durchaus geträumt.

Das Schild wurde ganz still. Die Palmen schwankten nicht mehr, und eine wunderbare Stille umfing den Hügel.

WÄHREND ICH unter den überdimensionalen Buchstaben saß, die *Kaffee* verkündeten, traf ich ein Paar, das nach San Diego fahren wollte. Ich sah darin ein vielversprechendes Zeichen. Eine achtstündige Fahrt, auf die sie mich für fünfundachtzig Dollar mitnahmen. Wir verabredeten uns für den nächsten Morgen. Die Bedingung war, dass nicht gesprochen wurde. Ich stimmte rasch zu, ohne mir viel dabei zu denken.

Obwohl es ein kühler Abend war, spazierte ich den gesamten Hafenkai von Santa Cruz entlang, die längste Holzpromenade Amerikas, achthundert Meter lang. Während der Goldrauschzeit wurden hier Kartoffeln von San Francisco zu den Bergarbeiterlagern in der Sierra Nevada verschifft. Obwohl normalerweise sehr belebt, war kaum eine Seele unterwegs, keine Flugzeuge am Himmel, keine Schiffe in Sicht, nur das Grunzen und Keuchen der schlafenden Seelöwen.

Ich rief Lenny an, um ihm zu sagen, dass ich eine Weile unterwegs wäre. Schweren Herzens unterhielten wir uns über Sandy. Wir kannten uns alle schon so lange. Wir lernten uns 1971 nach meiner ersten Lyrik-Performance kennen, bei der Lenny mich auf der E-Gitarre begleitete. Sandy Pearlman saß im Schneidersitz auf dem Fußboden in der St. Mark's Church, ganz in Leder, Jim-Morrison-Style. Ich hatte seine *Excerpts from the History of Los Angeles* gelesen, eines der größten Werke über Rockmusik. Nach dem Auftritt sagte er mir, ich sollte Sängerin in einer Rock-'n'-Roll-Band werden, aber ich lachte nur und erklärte ihm, ich hätte schon einen guten Job in einem Buchladen. Dann ließ er sich über Zerberus aus, den mehrköpfigen Höllenhund, und empfahl mir, mich in dessen Geschichte zu vertiefen.

– Es geht nicht nur um die Geschichte eines Hundes, sondern um die Geschichte einer Idee, sagte er und ließ seine extrem weißen Zähne aufblitzen.

Ich hielt ihn für arrogant, wenn auch auf ansprechende Weise, aber sein Vorschlag, ich solle als Frontfrau in einer Rockband spielen, kam mir utopisch und faszinierend zugleich vor. Zu der Zeit war ich mit Sam Shepherd zusammen, dem ich erzählte, was Sandy gesagt hatte. Sam sah mich nur an und meinte, ich könnte alles machen. Damals waren wir jung, und wir dachten alle so. Dass wir alles tun könnten.

Jetzt lag Sandy bewusstlos auf der Intensivstation in Marin County. Und Sam versuchte, die zunehmenden Beschwerden seiner Krankheit zu bewältigen. Ich spürte einen kosmischen Sog in mehrere Richtungen und fragte mich, ob ein eigenwilliges Kraftfeld ein anderes Feld abschirmte, ein Feld mit einem Obstgarten in der Mitte, voller Früchte mit einem unergründlichen Kern.

AM NÄCHSTEN MORGEN traf ich das Paar unten an der Straße. Die beiden waren ziemlich unfreundlich. Ich musste meinen Kaffee am Bordstein ausgießen, um innen nichts zu verschütten, dann im Voraus bezahlen, bevor ich ins Auto steigen durfte, das ziemlich abgewrackt war. Auf dem Boden lagen Spraydosen mit Mückenschutz und verschimmelte Tupperware-Behälter, und die Ledersitze sahen aus, als hätte jemand sie mit einem Sägemesser traktiert. Mir gingen diverse Krimiszenen durch den Kopf, aber der Musikgeschmack der beiden war großartig, Stücke, die ich seit Jahrzehnten nicht gehört hatte. Nach dem sechsten Song, Charlie Gracies *Butterfly,* konnte ich nicht mehr an mich halten.

– Was für eine tolle Playlist, platzte ich heraus.

Zu meiner großen Überraschung hielten sie plötzlich am Straßenrand an. Der Typ stieg aus, öffnete meine Tür und nickte nur.

– Wir haben gesagt, kein Wort. Das ist die Grundregel.

– Bitte, gebt mir noch eine Chance, sagte ich.

Zähneknirschend startete der Typ wieder das Auto, und wir fuhren weiter. Ich hätte gern gefragt, ob Mitsingen erlaubt war oder Aufstöhnen, wenn ein richtig guter Song lief, wobei bisher alle gut waren, von absolut tanzbar bis geheimnisvoll düster. *Oh Donna. Summertime. Greetings (This Is Uncle Sam). My Hero. Endless Sleep.* Ich fragte mich, ob die beiden aus Philly stammten, der Stadt der Oldies, solche Musik spielten sie. In pflichtschuldigem Schweigen saß ich da und sang im Kopf mit, zurückversetzt in jugendliche Partyzeiten mit einem jungen Mann namens Butchy Magic, einem blonden Italiener aus South Philadelphia, der wenig sprach, aber ein Springmesser besaß und die Landschaft meiner Hausaufgaben bis in meine Träume durchstreifte, in die stille Einsamkeit einer jungen, unerwiderten Liebe.

Als wir zum Auftanken anhielten, nahm ich meine Sachen und ging zur Toilette, wusch mir das Gesicht, putzte mir die Zähne, holte mir einen Kaffee zum Mitnehmen, kehrte in vollkommenem Schweigen zurück und sah gerade noch, wie die beiden in den Horizont vergessener Rhythm-and-Blues-Songs davonrasten. Verdammt, was sollte das? Na schön. *My Hero,* schrie ich. Das war toll! Wer spielt schon *Endless Sleep* oder *Greetings This Is Uncle Sam?* Ich stand da und zählte lauthals eine Liste aller großen Songs auf, die ich im Stillen genossen hatte.

Ein Wachmann trat auf mich zu.

– Ist alles in Ordnung, Miss?

– Ja, klar, sorry. Ich habe nur eben meine Mitfahrgelegenheit nach San Diego verpasst.

– Hmmm. Meine Schwiegertochter fährt nach San Diego. Ich bin sicher, wenn Sie sich am Benzingeld beteiligen, nimmt sie Sie mit.

Sie hieß Cammy und fuhr einen Lexus. Ich saß auf dem Beifahrersitz. Die Rückbank war mit Schachteln beladen, auf denen *Eingelegtes* stand, auf ein paar stand *Avon.*

Der ganze Kofferraum ist voller Einmachgläser, sagte sie. Für eine Freundin. Sie hat ein Bio-Restaurant. Ich koche alles für sie ein. Zwiebeln, Tomaten, Gurken,

Maiskölbchen. Sie verkauft die Sachen in ihrem Restaurant. Außerdem habe ich eine große Bestellung für meine Würzsauce von einem Laden, der auf Gourmet-Hotdogs spezialisiert ist.

Cammy war eine rasante Fahrerin, was mir nicht unlieb war. Sie war auch eine ziemliche Quasselstrippe, die beim Sprechen den Radiosender wechselte und dann plötzlich eine andere Unterhaltung mit der Stimme aus dem Lautsprecher anfing. Sie trug winzige Kopfhörer und lud ein zweites Handy auf. Cammy redete ununterbrochen. Sie stellte eine Frage, die sie dann aus ihrer Sicht beantwortete. Ich sagte kaum ein Wort. Ich schwieg immer noch, aber es war eine andere Art von Schweigen als vorher. Schließlich fragte ich sie, ob sie von den Bonbonpapieren gehört hatte, die am Strand des Ocean Beach Pier überall herumlagen.

– Im Ernst, sagte sie, das ist echt komisch, das Gleiche ist am Redondo Beach passiert, aber nicht am Strand, sondern bei den Gaswerken. Hunderte, vielleicht Tausende von den Dingern. Verrückt, oder?

– Ja, sagte ich, obwohl ich es nicht verrückt fand. Ich sah dahinter eher eine Taktik.

– Hast du von den vermissten Teenies gehört?

– Nein, sagte ich.

Ihr Handy klingelte, und sie rasselte Bestellinformationen herunter, die zweifellos ihr Pickle-Imperium betrafen.

– Die ganze Welt dreht durch, fuhr sie fort. Im letzten Frühjahr war ich in Queens, und die Azaleen meiner Schwester blühten Wochen vor der Zeit. Dann kam aus heiterem Himmel ein Frost, und sie gingen alle ein. Ich meine, wenn man gewarnt wird, kann man seine Pflanzen mit Sackleinen abdecken, aber es ist über Nacht passiert. Die vielen abgestorbenen Blumen, sie war untröstlich. Und die Eichhörnchen im Central Park – hast du davon gehört? Es war so warm, dass sie völlig verwirrt aus dem Winterschlaf aufgewacht sind, und dann hat es im April geschneit, ausgerechnet an Ostern. Schnee an Ostern! Zehn Tage später haben die Müllsammler mit diesen langen Picken sie gefunden. Massenweise, kleine Eichhörnchen mit ihren Müttern, erfroren. Ist doch Wahnsinn. Die ganze Welt spielt verrückt.

Cammy setzte mich an der Newport Avenue in der Nähe des Ocean Beach Pier ab, ich gab ihr fünfzig Dollar, sie zwinkerte mir zu und fuhr weiter. Ich checkte im alten San Vicente Hotel ein, das sich, abgesehen vom Namen, im Laufe der Jahrzehnte kaum verändert hatte. Ich war froh, dass ich wieder mein Zimmer im ersten Stock bekam. Früher hatte ich mir vorgestellt, in diesem Zimmer zu leben und umgeben von Anonymität Detektivgeschichten zu schreiben. Ich öffnete das Fenster und blickte auf den langen Angelpier mit dem einsamen Café, ein Anblick, der mir einen sehnsüchtigen Stich versetzte. Ein kräftiger Wind wehte, und das Wellenrauschen schien den Ruf von einem anderen Ort zu verstärken, eher surreal als wirklich.

WOW Café, Ocean Beach Pier

Ich wusch meine schmutzigen Sachen und hängte sie zum Trocknen in die Dusche, schnappte mir dann meine Jacke und Rollmütze und ging zum Strand. Als ich mich umsah, fiel mir ein, dass Cammy mir die Geschichte von den vermissten Teenies nicht fertig erzählt hatte. Jedenfalls entdeckte ich keine Spuren von herumliegenden Bonbonpapieren, nichts Ungewöhnliches. Ich ging den Pier entlang direkt zum WOW Café. In der Ferne sah ich einen Pelikan auf der seewärts gelegenen Mauer sitzen, dahinter das WOW, auf dessen Wand in riesigen blauen Buchstaben CAFÉ stand. Wieder ein Anblick, der mich mit vertrautem Wohlgefühl erfüllte. Die Leute, die das Café betreiben, stehen in Verbindung mit Gott. Ihr Kaffee kommt nicht von irgendwoher, nicht aus Kona, Costa Rica oder von arabischen Plantagen. Es ist einfach Kaffee.

Das WOW war unerwartet voll, deshalb setzte ich mich ans Ende des Gemeinschaftstisches zu zwei jungen Männern, die sich als Jesús und Ernest vorstellten, sowie einer Pin-up-Blondine, die namenlos blieb. Jesús stammte aus Santiago. Bei Ernest war ich mir unsicher, vielleicht Mexikaner, vielleicht auch Russe; seine Augenfarbe changierte ständig von reinem Grau zu Schokoladenbraun, wie ein Stimmungsring.

Ihre Unterhaltung ließ mich aufhorchen, es ging um eine Reihe scheußlicher Verbrechen in letzter Zeit, doch dann schloss ich aus einigen Stichwörtern, dass sie darüber diskutierten, ob die Morde in Sonoma im *Teil von den Verbrechen,* einem Kapitel in Roberto Bolaños Meisterwerk *2666,* real oder fiktiv waren. Als ihre Unterhaltung in einer Sackgasse landete, sahen sie mich erwartungsvoll an; immerhin hatte ich seit mehreren Minuten zugehört. Da ich das Buch mehr als einmal gelesen hatte, sagte ich, dass die Morde höchstwahrscheinlich real waren und die von ihm beschriebenen Mädchen symbolisch für die realen Mädchen stünden, wenn auch nicht unbedingt eins zu eins mit ihnen übereinstimmten. Ich erwähnte, dass ich gehört hatte, Bolaño hätte von einem pensionierten Polizeidetective ein Dossier über die ungelösten Morde an mehreren jungen Mädchen in Sonoma erhalten.

– Ja, hab ich auch gehört, sagte Ernest, aber man weiß nicht, ob die Geschichte mit dem Detective ein Gerücht war oder nur in die Welt gesetzt wurde, um den Glauben an einen erfundenen Polizeibericht zu schüren.

– Vielleicht waren es genaue Beschreibungen aus dem Polizeibericht, und nur die Namen wurden geändert, sagte Jesús.

– Na ja, angenommen, sie waren real, werden sie dann Fiktion, wenn Bolaño sie in ein fiktives Werk einbaut?, fragte Ernest und sah mich mit seinen changierenden Augen an.

Ich hatte eine mögliche Antwort, behielt sie aber für mich. Ich überlegte, was mit Figuren in Büchern passiert, deren Schicksale von einem sterbenden Autor offengelassen werden. Die Unterhaltung führte zu nichts, und ich bestellte Fischsuppe mit Croûtons. Auf der Rückseite der Speisekarte stand die Geschichte des Cafés. WOW stand für *walking on water.* Ich dachte an Wunder, an den unempfänglichen Sandy. Warum war ich weggefahren? Eigentlich hatte ich in der Nähe des Krankenhauses bleiben wollen, um über ihn zu wachen und vielleicht ein Wunder heraufzubeschwören, doch aus Angst vor den trügerischen antiseptischen Fluren und unsichtbaren Bakterienschleudern, die in mir einen Trieb zum Selbstschutz auslösen, hatte ich dem starken Wunsch zu fliehen nachgegeben.

Jesús und Ernest ereiferten sich wieder, redeten gleichzeitig und verfielen dabei manchmal ins Spanische, sodass ich den Augenblick verpasste, als sie zum Anfangskapitel von *2666* wechselten, dem *Teil der Kritiker.* Ihr besonderes Interesse galt den Träumen der Kritiker. Einem Traum von einem unheimlichen Endlos-Pool und einem dunklen Gewässer.

– Der Autor muss seine Figuren so gut kennen, dass er Zugang zu ihren Träumen hat, sagte Ernest gerade.

– Und wer erfindet die Träume?, fragte Jesús.

– Natürlich der Autor.

– Aber denkt sich der Autor die Träume aus, oder klinkt er sich in die Träume seiner Figuren ein?

– Es geht allein um Transparenz, sagte Ernest. Der Autor sieht durch ihre Köpfe, wenn sie schlafen. Als wären sie aus Kristall.

Die Blondine hörte auf, in ihrem Krautsalat zu stochern, und holte eine Schachtel Zigaretten aus ihrer Handtasche. Offenbar waren es ausländische, eine weiße Packung mit dem roten Aufdruck *Philip Morris.* Sie legte die Schachtel auf den Tisch neben ein Klapphandy.

– Noch auffälliger finde ich seine unorthodoxe Platzierung von Leerzeilen, sagte sie und nahm einen tiefen Zug. *Das Wasser war dunkel,* schrieb er, und dann setzt er eine Leerzeile. Der Leser wird in einem langen, dunklen Endlos-Pool ohne jeglichen Rettungsring allein gelassen.

Wir starrten sie verblüfft an. Auf einmal wirkte sie viel klüger als der Rest von uns. Mir war der Hunger vergangen. Wer erwähnt eine Leerzeile und beendet so eine Unterhaltung?

Es war ein guter Zeitpunkt, um frische Luft zu schnappen. Ich ging zum Ende des Piers und stellte mir Sandy vor, der mit seiner Baseballcap in einen Parkplatz einbog, in seinem weißen Van, in dem es aussah wie in einem Trödelladen für Intellektuelle – stapelweise Bücher, Akten, Verstärkerteile und ausgediente Computer. Als er jung war, besaß er einen Sportwagen, und wir fuhren durch den Central Park, hielten am Papaya King oder fuhren weiter bis an die Spitze Manhattans. Irgendwann wechselte er zu seinem weißen Lieferwagen, und in den Neunzigern fuhren wir nach einem Konzert in Portland nach Ashland, um uns beim Oregon Shakespeare Festival eine moderne Aufführung des *Coriolan* anzusehen. Sandy liebte Shakespeare, besonders den *Mittsommernachtstraum.* Ihn faszinierte die Idee, Menschen in Esel zu verwandeln. Ich erzählte Sandy, dass auch Carlo Collodi in *Pinocchio* Menschen in Esel verwandelt hatte. Aber der Barde hat es zuerst gemacht, gab Sandy triumphierend zurück.

Eine Zeit lang planten wir eine Oper, die auf Medea zurückging. Keine traditionelle Oper, für die man Sänger brauchte, die ihr Leben lang an ihrer Stimmbildung arbeiten, aber trotzdem eine Oper. Er wollte, dass ich die Medea spiele. Ich sagte, dazu sei ich zu alt, aber Sandy meinte, Medea müsse nur furchterregend sein, und ich könnte den bösen Blick in ihrem gebrochenen Spiegel sehr wohl hinkriegen.

– Scherben der Liebe, Patti, sagte er. Scherben der Liebe.

Wir unterhielten uns bis tief in die Nacht über solche Dinge und suchten einen Laden, wo er noch ein Stück Käsekuchen ergattern könnte. Unsere *Medea.* Ich fragte mich, ob wir sie jemals schreiben würden. Aber in gewisser Weise hatten wird es getan, in diesem Van unter den blinkenden Sternen.

Als ich wieder ins WOW zurückkehrte, hatte sich nichts verändert, nur das Thema hatte zu Hunderennen gewechselt. Die Blondine hatte einen Ex-Verlobten, dem drei preisgekrönte Hunde in St. Petersburg gehörten.

– In Russland gibt es Hunderennen?

– Nein, in Florida, Herrgott noch mal.

– Da sollten wir hinfahren. Es gibt einen Greyhound von Burbank nach Tampa.

– Ja, mit mindestens dreimal umsteigen. Aber mir ist zu Ohren gekommen, dass sie alle stilllegen. Schlechte Nachrichten für Hunde, ganze Rudel hoch qualifizierter Hunde ohne Arbeit.

– Bei Rennhunden gibt es keine Arbeitslosigkeit.

– Sie machen ihnen den Garaus.

Sie presste ein heißes Papiertuch an ihre Augenlider, um den Kleber ihrer extrem langen Wimpern zu lösen.

– Mit diesen Wimpern könntest du jemanden umbringen.

Die Blondine stand plötzlich auf. Sie war wirklich beeindruckend, ein kluges Köpfchen mit den Kurven von Jayne Mansfield.

Jesús verschwand mit der Blondine. Ernest steckte die zusammengeknüllte Papierkugel mit den Wimpern in seine Tasche. Anscheinend ging ihm etwas durch den Kopf. Er saß ein paar Minuten lang da und ließ ein 10-Cent-Stück auf der Kante kreisen, dann packte er schnell seine Sachen und ging. Ich hatte das seltsame Gefühl, Ernest irgendwoher zu kennen, aber ich konnte ihn nicht einordnen. In unergiebige Gedanken vertieft, blieb ich noch bis zum Sonnenuntergang sitzen. Das WOW schloss, es hatte abends nie geöffnet.

MORGENLICHT FIEL auf meine dünne Decke. Einen Augenblick lang dachte ich, ich sei wieder im Dream Motel. Ich war hungrig und eilte die Treppe hinunter, ging an ein paar Jugendlichen vorbei, die am Strand Ball spielten, und schlenderte den Pier entlang zurück ins WOW. Ich bestellte Spiegeleier mit Bohnen und war bei der zweiten Tasse Kaffee in einen Krimi mit Martin Beck vertieft, *Und die Großen lässt man laufen.* Ernest war geräuschlos eingetreten und pflanzte sich mir gegenüber hin.

– *Endstation für neun* ist besser, sagte er.

– Stimmt, sagte ich, überrascht, ihn zu sehen, habe ich aber schon zweimal gelesen.

Wir unterhielten uns eine Weile. Ich fand es erstaunlich, wie ungezwungen wir uns von einem obskuren Thema zum nächsten bewegten, von schwedischen Krimiautoren zu extremen Wetterlagen.

– Was sagst du dazu?, fragte er.

Ein vergilbter Zeitungsausschnitt von 2006. *Hurrikan Ernesto lässt die Toten auferstehen.* Dazu ein Foto von einem kleinen Grundstück mit umgekippten Grabsteinen.

– War das in Virginia?

– Auf einer Insel vor der Küste Virginias. Heißt genauso wie ich.

– Die Insel?

– Nein. Der Hurrikan.

Vorsichtig faltete er den Zeitungsausschnitt wieder

zusammen und steckte ihn in eine abgewetzte Brieftasche aus Schlangenleder; ein Schwarz-Weiß-Foto fiel heraus. Ich erhaschte einen kurzen Blick auf eine Frau in einem dunklen geblümten Kleid mit einem kleinen Jungen und hätte Ernest gern gefragt, wer das war, aber plötzlich schien er sich unwohl zu fühlen. Und so erzählte ich ihm von meinem Traum in Santa Cruz, von den Bonbonpapieren in den falschen Farben, den Lagerfeuern in der Dämmerung und dem allumfassenden Gefühl einer seltsamen künstlichen Stille.

– Manche Träume sind gar keine Träume, sondern nur ein anderer Aspekt der Realität.

– Wie soll ich das verstehen?, fragte ich.

– Das Entscheidende bei Träumen ist, sagte Ernest, dass Sachverhalte auf äußerst ungewöhnliche Weise gelöst werden: Wäsche erstarrt im Wind, und unsere toten Mütter erscheinen mit dem Rücken zu uns.

Ich musterte ihn nur und überlegte, an wen er mich erinnerte.

– Hör zu, fuhr er leise fort, die Lagerfeuer haben noch gar nicht stattgefunden. Du kannst sie später am Strand sehen, genau zur Dämmerung.

Der Himmel war bedeckt, durchdrungen von einer seltsamen Helligkeit, die irgendwie nicht stimmig war. Ich versuchte die genaue Zeit der Dämmerung zu berechnen. Normalerweise hätte ich auf meinem Handy nachgesehen, aber der Akku war leer. Auf dem Rückweg zog ich meine Stiefel aus und ging barfuß im eiskalten

Wasser. Mehr traue ich mir als Nichtschwimmerin nicht zu. Ich dachte an Sandy. Ich dachte an Sam. Ich dachte an Roberto Bolaño, der, mit nur fünfzig Jahren, in einem Krankenhaus starb, anstatt in einer Höhle vor einer zerklüfteten Küste oder in einer Wohnung in Berlin oder in seinem eigenen Bett.

In Erwartung der von Ernest angegebenen Zeit blieb ich in Strandnähe. Den ganzen langen Nachmittag saß ich schreibend an dem kleinen weißen Kartentisch vor dem Hotelfenster. Zwischen den Seiten meines Notizbuchs fand ich ein Foto von meiner Tochter. Sie lächelte, sah aber so aus, als wäre sie den Tränen nahe. Ich schrieb über Schilder, Fremde, aber nichts über meine Kinder, obwohl sie ständig bei mir waren. Die Sonne stand an ihrem höchsten Punkt. Ich spürte, wie ich nachgab, angezogen von ihrer abstrakten Stille.

Ich wachte erschrocken auf und konnte nicht fassen, dass ich wieder eingeschlafen war, und das auch noch sitzend, an einem Kartentisch. Rasch stellte ich das Bügelbrett auf, ein tragbares mit gelbem Wachstuchüberzug, rollte meine feuchten Hosenbeine ab, schüttelte den Sand aus und bügelte sie trocken, dann eilte ich die Treppe hinunter und ging zum Strand. Es dämmerte bereits, aber ich hoffte, Ernest wäre vielleicht noch da. Offenbar hatte ich länger geschlafen, als ich dachte, denn wie es aussah, hatte ich alles verpasst, niemand war in der Nähe, nur eine lange Reihe kleiner glimmender

Feuer. Ich fühlte mich leicht benommen, als hätte ich den Rauch der Toten eingeatmet.

Plötzlich tauchten zwei Wachmänner auf und beschuldigten mich, die verbotenen Feuer gelegt zu haben. Ich stotterte herum, konnte ihre Fragen nicht beantworten. Aus einem unerfindlichen Grund erinnerte ich mich nicht daran, was ich hier suchte, nicht nur die Feuer waren mir ein Rätsel, sondern auch, warum ich überhaupt hier war. Ich kämpfte mich durch den Nebel. Sandy lag im Krankenhaus. Wir wollten ins Dream Motel, um einen Teil unserer *Medea* zu schreiben, die Szene, in der sie in Trance fällt und in die Zukunft geht, in einem schwarzen Kaftan und behängt mit Ketten aus riesigen Bernsteinperlen mit eingeschnitzten Köpfen von heiligen Vögeln.

– Es ist eine Oper, erklärte ich ihnen, Medea zieht ihre Sandalen aus und geht durch die schwelenden Reste der Feuer, eines nach dem anderen, völlig ungerührt.

Die beiden Wachmänner wirkten genauso verblüfft wie ich. Ich gab eine schlechte Figur ab, brachte aber nichts Besseres zustande. Sie verwarnten mich, hielten mir eine Predigt über Benimmregeln am Strand, Vorschriften und Bußgelder. Ich eilte zurück in mein Zimmer und ermahnte mich, nicht zurückzublicken. Ernest hatte mir von den Lagerfeuern erzählt, von einer Zusammenkunft in der Dämmerung. So viel wusste ich. Warum hatte ich den Mund nicht aufgemacht? Ich kam

Eine Zeit lang könnte ich einfach dort leben

zu dem Schluss, dass er einen sprachlichen Trigger betätigt hatte, der vorübergehend ein Portal schloss. Nämlich das Portal zu ihm. Ein ziemlich guter Kunstgriff, fand ich, aber auch ein ziemlich heikler, wenn falsch angewandt. Ich überlegte, wo der Fehler liegen könnte, aber alles war zu weit hergeholt. Du träumst nur, redete ich mir ein und blickte auf den vom Mondlicht umrissenen Pier. Im selben Moment blitzte auf dem Hügel das Schild auf, umhüllt von schwarzem Moskitonetz.

Morgen. Erstes Licht, der verblassende Mond noch sichtbar. Meine Kleider waren mittlerweile trocken, und ich faltete sie, setzte mich ans Fenster und las die letzten Seiten von *Und die Großen lässt man laufen.* Am Ende schläft die Witwe des in *Endstation für neun* getöteten Polizisten in einem Hotel in Stockholm mit Kommissar Martin Beck, etwas, das ich nie hatte kommen sehen. Auf der anderen Straßenseite stritten sich Möwen um die Reste eines Sandwichs; am Strand keine Spur von Lagerfeuern.

Zurück im WOW, beschloss ich, die ganze Lagerfeuer-Geschichte zu vergessen, und bestellte Kaffee und Zimttoast. Das Café war ziemlich leer, ich hatte es fast für mich allein. Ich wünschte mir, dass ich eine Zeit lang einfach dort leben könnte, im Hinterzimmer des WOW, nur mit einer schlichten Pritsche, einem Tisch zum Schreiben, einem alten Kühlschrank und einem Deckenventilator. Jeden Morgen würde ich mir in einem Blechtopf Kaffee kochen, ein paar Bohnen und Eier braten und im Newsletter die Lokalnachrichten lesen. Einfach den Tag verbummeln. Keine Regeln. Keine Veränderung. Aber irgendwann verändert sich nun mal alles. Das ist der Lauf des Lebens. Die Zyklen von Tod und Wiedergeburt, nur nicht immer so, wie wir sie uns vorstellen. Zum Beispiel könnten wir mit einem anderen Aussehen wiederkehren, in Kleidern, in denen wir uns früher nie hätten blicken lassen.

Als ich aufschaute von dem Feuer, das ich ständig schürte, entdeckte ich Ernest, der sich mit einem offenbar äußerst erregten Jesús unterhielt. Ernest legte seinem Freund beruhigend die Hand auf die Schulter, bekreuzigte sich und ging dann unvermittelt davon. Dann setzte er sich zu mir und klärte mich auf. Jesús und die Blondine wollten zum Greyhound-Bahnhof in Downtown Los Angeles, dann weiter mit dem Bus zwei Tage und neunzehn Stunden lang nach Miami und anschließend mit einem Mietwagen nach St. Petersburg.

– Jesús schien nicht sehr begeistert.

– Muriel hat viel Gepäck.

Die Blondine hatte einen Namen!

– Hast du ihr die Wimpern zurückgegeben?, fragte ich.

– Eine Möwe hat sie sich geschnappt, wahrscheinlich sind sie jetzt Teil eines Nests.

Ich mied seinen Blick, um ihn nicht bei seiner Lüge zu erwischen. Vor meinem geistigen Auge sah ich die Wimpern ganz deutlich vor mir, eingewickelt in densel-

Greyhound Terminal, Burbank

ben Papierfetzen, auf einer alten Kommode, unter einem Gemälde von einem Leuchtturm, umhüllt von schlecht gemaltem Dunst. Ich bemerkte das Buch, das Ernest auf den Tisch gelegt hatte, *Pascal's Arithmetical Triangle.*

– Liest du das?, fragte ich.

– Solche Bücher liest man nicht, man saugt sie auf.

Ich verstand sehr gut, was er meinte, und war sicher, dass er noch eine ganze Reihe Rückzugsmöglichkeiten im Kopf hatte, um mich vom Thema der Lagerfeuer abzulenken, aber ich hatte meinen eigenen Plan, den ich spontan verfolgte.

– Vor ein paar Jahren war ich in Blanes.

Er sah mich fragend an: anscheinend ahnte er nicht, worauf ich hinauswollte.

– Blanes?

– Ja. Ein am Meer gelegener katalanischer Ferienort im Sechzigerjahrestil, in dem Bolaño bis zu seinem Tod lebte. Dort hat er *2666* geschrieben.

Ernest wurde plötzlich sehr ernst. Seine Liebe zu Roberto Bolaño war beinahe greifbar.

– Man kann sich kaum vorstellen, wie es für ihn gewesen sein muss, der Ziellinie entgegenzurasen. Er hatte eine Gabe, wie sie nur wenige besitzen, Faulkner, Proust oder Stephen King vielleicht, die Fähigkeit, gleichzeitig zu schreiben und zu denken. Er nannte das die tägliche Routine.

– Die tägliche Routine, wiederholte ich.

– Er hat es in der Anfangspassage von *Das Dritte Reich* beschrieben. Hast du das Buch gelesen?

– Ich habe in der Mitte aufgehört, es hat mich beunruhigt.

– Warum?, fragte Ernest interessiert. Was hast du geglaubt, würde passieren?

– Ich weiß nicht, etwas Schlimmes, etwas, das aus einem Missverständnis entsteht und dann außer Kontrolle gerät, wie in Mark Twains *Der Prinz und der Bettelknabe.*

– Du redest von vorausschauender Angst.

– Ja, kann sein.

Er warf einen Blick auf mein geöffnetes Notizbuch.

– Löst dein Schreiben diese Unruhe aus?

– Nein. Vielleicht eher eine komische Unruhe.

– *Das Dritte Reich.* Ist doch nur der Name eines Brettspiels. Er war besessen von Spielen. Ein Spiel ist nur ein Spiel.

– Ja, wahrscheinlich. Weißt du, ich habe seine Spiele sogar gesehen.

Ernests Gesicht leuchtete auf wie ein Flipper, wenn alles für den Spieler läuft.

– Du hast sie gesehen? Bolaños Spiele?

– Ja, als ich in Blanes war und seine Familie besuchte. Die Spiele waren auf einem Regal in einem Schrank. Ich habe sie fotografiert, was ich vielleicht lieber hätte lassen sollen.

– Darf ich das Bild sehen?, fragte er.

– Klar, sagte ich. Du kannst es haben, aber es könnte eine Weile dauern, bis ich es finde.

Er nahm das Buch mit dem rotgelben Cover, das das Dreieck ankündigte, und sagte, er habe einen Termin, es sei wichtig. Dann schrieb er eine Adresse auf die Rückseite einer Serviette, und wir verabredeten uns für den folgenden Nachmittag.

Und vergiss nicht das Bild.

Te Mana Café Voltaire Street. Zwei Uhr. Ich faltete die Serviette und winkte der Bedienung, mir noch einen Kaffee zu bringen. Leider hatte ich Ernest spontan versprochen, ihm das Bild zu schenken, obwohl es irgendwo in Manhattan war und ich nicht die leiseste Ahnung hatte, wohin ich es gelegt, in welches Buch ich es gesteckt oder in welcher Archivbox ich es mit Hunderten anderen unwichtigen Aufnahmen verstaut hatte. Schwarz-Weiß-Polaroids von Straßen, Bauwerken und Hotelfassaden, von denen ich dachte, ich würde mich immer an sie erinnern, die ich jetzt aber nicht mehr einordnen konnte.

Ich hatte es Ernest nicht gesagt, aber in Wahrheit war mir unwohl, als ich zufällig auf Bolaños Spiele stieß. Nicht richtig unwohl, aber so ein seltsames Zeitsprung-Gefühl. Auf dem Schrankbord lag eine Welt voller Energie, und die Gedanken, die einst auf diese Spiele verwendet wurden, waren immer noch mächtig und manifestierten sich als ein hyper-vergegenständlichter Sinn, der jeden meiner Schritte verfolgte.

Der Nachmittag ging in den Abend über. Der fast volle Mond ging auf und legte sich auf meine Stimmung. Ich saß auf der niedrigen Steinmauer und sah zu, wie in der Ferne die Lichter des WOW erloschen. Als wollten sie antworten, erschienen die Sterne nacheinander am Himmel, weit weg und ewig präsent. Plötzlich kam mir in den Sinn, dass meine Anwesenheit im Krankenhaus bei Sandy gar nicht notwendig war. In den vergangenen zwanzig Jahren hatten wir an entgegengesetzten Küsten gelebt und dennoch unsere Verbindung gespürt, wir hatten auf unsere Verstandeskraft vertraut, die dreitausend Meilen zu transzendieren. Warum sollte es jetzt anders ein? Ich konnte überall über ihn wachen und eine andere Art von Wiegenlied komponieren, ein Lied, das seinen Schlaf durchdringen und ihn aufwecken würde.

WIE VERABREDET, traf ich mich mit Ernest in der Voltaire Street in einem freundlichen Laden im Hawaii-Stil, in dem Pulled Pork und Smoothies mit kleinen Sonnenschirmen serviert wurden. Er verspätete sich, war schon mitten im Satz in einem einseitigen Gespräch und leicht zerzaust, ein Knopf hing lose an seinem Hemd. Er bestellte zwei kubanische Kaffee und erzählte aufgeregt, was ihm durch den Kopf ging; im Wesentlichen lief es darauf hinaus, dass er seine Sachen packen und verreisen wollte, auf den Spuren eines Heiligen, der schlecht ernährte und beeinträchtigte Kinder vor Lifestyle-Krankheiten retten wollte.

– Hast du Kinder?, fragte ich.

– Nein, sagte er, aber in meinen Augen sind alle Kinder unsere Kinder. Meine Schwester hat drei. Zwei sind so dick, dass sie sich kaum bewegen können. Sie verwöhnt sie und stopft sie mit gebratenem Brot und Zucker voll. Der Heilige will die Kinder retten.

Mir schwirrten Fragen durch den Kopf, zu allem Möglichen, was ich gelesen hatte über den Anstieg von Krebs bei Kindern, Diabetes und Bluthochdruck und wie die Fast-Food-Kultur unsere Kinder und Jugendlichen bedroht.

– Wie will er das anstellen?, fragte ich.

– Das kann ich dir noch nicht sagen.

– Wie hast du von ihm erfahren?

Ernest sah mich aufmerksam an, als hoffte er, ich könnte seine Gedanken lesen und kostbare Zeit sparen.

– Der Gedanke kam mir in einem Traum, so wie alle wichtigen Botschaften. Er lebt in der Wüste, und ich glaube, ich weiß, wo ich ihn finde. Hat was mit einem Kult zu tun, eine gute Sache, und ich will mitmachen. Vielleicht kann ich Land bestellen oder beim Bau von Unterkünften helfen oder Baseballteams für Jungs auf die Beine stellen.

– Mädchen spielen auch Baseball.

– Ja, klar, sagte er zerstreut. Baseball für alle.

– Alles Gute für die Kinder und danke, dass du mir vertraut hast.

– Vielleicht sehen wir uns dort.

– Aber wie soll ich dich finden?, fragte ich.

– Bewahre die Bonbonpapiere auf, leg sie nachts unter dein Kopfkissen. Dann wird es dir im Schlaf einfallen. Und wenn du das Foto findest, heb es für mich auf.

Und dann war er verschwunden, unterwegs mit einem ziemlich unerwarteten Auftrag. An der Wand hingen bunte Netze mit Seesternen. Der Kaffee, den er bestellt hatte, war süß, mit einem starken Beigeschmack nach Zimt. Ich saß da und beamte mich zurück nach New York, wo ich umfangreiche visuelle Archäologie betrieb. Ganz zu schweigen von der Tatsache, dass das Foto ziemlich dunkel war. Die Spiele waren ordentlich aufeinandergestapelt gewesen, aber sonst war nichts vom Inhalt des Schranks zu sehen: weder seine Lederjacke noch die abgewetzten Lederschuhe oder sein schmales schwarzes Notizbuch für *2666,* mit kryptischen Vermerken auf Millimeterpapier. Dinge, die ich gesehen und berührt hatte.

– Der Typ hat seine Rechnung nicht bezahlt, schimpfte die Bedienung.

– Oh, das übernehme ich, beruhigte ich sie.

Ein Knopf lag neben meinem Fuß auf dem Boden. Ein kleiner grauer Plastikknopf, an dem ein dünner Faden hing. Ich steckte ihn ein. Ein Glückspfennig mit Kopf nach oben, aus einem Traum in einem Traum.

Am Abend breitete ich die Bonbonpapiere auf dem Tisch aus. Keine Spur von Schokolade. Kein süßer Geruch. Abgesehen von etwas Sand alle blitzsauber. *Es hat was mit einem Kult zu tun,* hatte Ernest gesagt. Plötzlich wurde mir die Absurdität seines Vorhabens bewusst, und ich musste laut lachen. Ein Lachen, das in der Luft hing, als wollte es sich gegen mich wenden. Ich versuchte, mir das Ganze zu erklären. Gut, ich war im Dream Motel und saß auf einem Stuhl neben der Schiebetür, die zum Strand führte. Ich hatte einen Traum, der mich veranlasste, von Santa Cruz nach San Diego zu fahren, wo ich Ernest traf, der mir von den Lagerfeuern erzählte, die außer mir niemand sah. Ich erinnerte mich, dass ich in verkohlten Papieren herumgestochert und dann Ascheреste in ein Stück Verbandsmull gewickelt hatte.

Ich sprang auf und durchsuchte die Taschen meiner Jacke, aber die Mullrolle war verschwunden, obwohl meine Finger schwarz verschmiert waren. Ernest hatte gesagt, ich solle mit den Papierchen unterm Kopfkissen schlafen, aber nicht erwähnt, in welchem Zustand sie sein sollten. In der Nachttischschublade lag ein Streichholzheftchen, auf dessen Innenseite eine Telefonnummer geschrieben war. Ich riss zwei Hölzchen gleichzeitig an und hielt sie an das Papier. Es verbrannte langsam und verströmte einen schwachen Geruch nach Heufeldern. Dann riss ich eine Seite aus meinem Notizbuch, gab die Asche in die Mitte und faltete sie zusammen wie einen Origamivogel.

Ich schob das Päckchen unter mein Kopfkissen und überlegte, ob Ernest und ich Freunde waren. Eigentlich wusste er nichts von mir, und ich noch weniger von ihm. Aber so ist das manchmal, ein Fremder kommt einem vertrauter vor als viele Menschen, die man kennt. Der graue Knopf lag im Staub. Wahrscheinlich war er aus der Tasche gefallen, als ich die Jacke ausgezogen hatte, die ebenfalls zerknüllt auf dem Boden lag. Ich hob ihn auf, eine kleine Geste, ähnlich einer anderen, die ich offenbar wiederholen sollte.

Draußen bellten Hunde, und weiter entfernt, in Santa Cruz, hallte das laute Brüllen vom König der Seelöwen am Anlegeplatz wider, während seine Artgenossen schliefen. Ein leises Pfeifen ertönte, und das Gebell wurde schwächer und schwächer. Ich meinte, das Präludium von *Parsifal* aus einem fremdartigen Dunst aufsteigen zu hören. Ein Foto fiel aus einer Brieftasche, ein kleiner Junge mit einer Frau in einem dunklen Kleid. Ich war mir sicher, das Bild schon irgendwo gesehen zu haben, vielleicht in einer Filmszene. Eine Nahaufnahme von schokoladenbraunen Augen, ein wogender Teppich aus winzigen Blumen, der gar kein Teppich war, sondern der Volant an einem Kleid, erhellt vom Licht eines vorbeifahrenden Wagens. Ich griff unter mein Kopfkissen und berührte das Päckchen, um sicherzugehen, dass es wirklich dort lag. Ja, versicherte ich mir schläfrig und schloss die Augen, umwoben von schemenhaft aufflackernden Bildern: der Schwan und der Speer und der heilige Narr.

VOR DEM BIOLADEN in der Voltaire Street traf ich zufällig Cammy wieder und half ihr beim Ausliefern mehrerer Kartons mit Zwiebelgelee. Ich sah ihr eingestöpseltes Ladegerät am Armaturenbrett. Mein Handy war schon lange tot, denn ich hatte mein Ladegerät im Dream Motel vergessen, wo es nutzlos an der Wandsteckdose hing. Cammy ließ mich ihr Handy benutzen, um mich nach Sandy zu erkundigen. Sie plapperte zwar die ganze Zeit, während ich telefonierte, aber ich bekam dennoch das Wesentliche mit. Er hatte das Bewusstsein noch nicht wiedererlangt.

Cammy erzählte mir, sie hätte eine Frau getroffen, die den Onkel eines der vermissten Teenies kannte, von denen sie am Ende unserer Fahrt erzählt hatte. Ich hatte es schon fast vergessen. Wie sich herausstellte, war der Junge mit einem Schildchen am Hemd zurückgebracht worden, auf dem stand, er leide an Herzgeräuschen. Bisher nie festgestellt, aber schnell bestätigt. Er weinte die ganze Nacht, wollte zurückkehren und weigerte sich, seiner Familie Näheres zu erzählen. Ich sagte nichts, dachte aber unwillkürlich an die Geschichte des behinderten Jungen im *Rattenfänger von Hameln,* der zurückgeschickt wurde, nachdem er einen kurzen Geschmack auf das Paradies bekommen hatte.

– Morgen fahre ich nach Los Angeles, sagte Cammy. Ich muss eine große Lieferung in Burbank abgeben.

– Ich wollte nach Venice Beach, sagte ich spontan.

Was dagegen, wenn ich mitkomme? Ich beteilige mich am Benzin.

– Abgemacht, sagte sie.

Am Abend rief ich vom Hotel aus alle an, bei denen ich mich meiner Ansicht nach melden sollte. Niemand war zu Hause, oder besser, niemand hob ab. Ich hinterließ Nachrichten. *Mein Handy ist tot. Mir geht es gut. Du kannst mich im Hotel erreichen.* Das Ganze hatte etwas Trauriges. Vier Leute, vier tote Telefone. Ich schloss das Fenster. Langsam wurde es kühl. Dann füllte ich mit dem Hotelkugelschreiber ein paar Seiten in meinem Notizbuch und wartete vergeblich auf das Klingeln des Telefons.

Am nächsten Morgen checkte ich aus, wartete in der Hotellobby, aß einen alten Muffin und trank schwarzen Kaffee, bis Cammy mit ihrem Lexus vorfuhr. Sie trug einen rosa Pullover, und die Rückbank war mit zugeklebten Schachteln beladen. Auf der Fahrt nach Los Angeles brachte sie mich auf den neuesten Stand, was diverse Ereignisse in der Cammy-Welt betraf, von denen mir zum Glück einige entgingen, weil ich in Gedanken woanders war.

– Du meine Güte, sprudelte sie hervor, hast du von den Verschwundenen in Macon gehört?

– Macon in Georgia? Du meinst Kinder?

– Ja, sieben Kinder.

Ich verspürte das Gefühl, das mich oft überkommt, wenn ich von einem sehr hohen Punkt nach unten blicke. Als bewegten sich langsam winzige Eiszellen in mir und pulsierten in meinen Adern.

– Ist das zu fassen?, sagte Cammy. Einer der bislang größten Vermisstenfälle.

Cammy schaltete das Radio ein, aber in den Nachrichten kam nichts über die Geschichte. Wir verfielen beide in angenehmes Schweigen, bis wir Venice erreichten. Ich gab ihr vierzig Dollar, und sie schenkte mir ein kleines Glas, auf dem *Rhabarber-Erdbeermarmelade* stand.

– Sieben Kinder, sagte ich benommen und löste den Sicherheitsgurt.

– Ja, sagte sie, nicht zu fassen. Völlig verrückt. Kein Brief an die Familien, keine Lösegeldforderung. Als hätte der Rattenfänger höchstpersönlich die Kinder verschwinden lassen.

VENICE BEACH, Stadt der Detektive. Wo immer eine Palme steht, ist Jack Lord, ermittelt Horatio Caine. Ich checkte in ein kleines Hotel nahe der Ozone Avenue ein, nicht weit entfernt von der Strandpromenade. Von meinem Fenster aus sah ich die jungen Palmen und den Hintereingang des On the Waterfront Cafés, wo man gut essen kann. Der Kaffee wurde in einem weißen Becher serviert, verziert mit einem hübschen blauen Seestern über dem Motto des Lokals: *Where the Brew Is as Good as the View.* Auf den Tischen lagen dunkelgrüne

Wachstücher. Ich musste ständig Fliegen verscheuchen, aber das störte mich nicht. Nichts störte mich, nicht einmal die Dinge, die mich störten.

Auf der anderen Seite fiel mir ein gut aussehender Mann auf, ein Russell Crowe in jung, der gegenüber einer stark geschminkten Frau saß. Vermutlich wollte sie ihre schlechte Haut überdecken, aber sie verströmte eine innere Kraft, die durch den ganzen Raum spürbar war, garniert mit dunkler Sonnenbrille, dunklem Bob, künstlichem Leopardenmantel – die geborene Kopie eines Filmstars. Die beiden waren in ihrer Welt versunken, und ich in der ihren. In meiner Fantasie sah ich sie als Privatdetektiv Mike Hammer und die herrlich abgeklärte Velda. Während ich all dies aufschrieb, verließen die beiden unbemerkt das Café. Ihr Tisch wurde abgeräumt und neu aufgedeckt, als wären sie nie da gewesen.

Ich fand den immensen Strand in Venice schon immer schön, eine riesige Fläche, die bei Ebbe noch wächst. Ich zog meine Stiefel aus, krempelte die Hosenbeine hoch und ging am Strand entlang. Das Wasser war eiskalt, aber wohltuend. Meine Ärmel wurden nass, als ich mir Gesicht und Nacken bespritzte. Auf den Wellen schaukelte ein einsamer Papierstreifen, aber ich nahm ihn nicht mit.

Das Dumme am Träumen ist, meldete sich eine vertraute Stimme, aber ich wurde abgelenkt von einigen sonderbaren Vögeln, großen krächzenden Vögeln, die stramm dastanden und aussahen, als wollten sie gleich sprechen. Leider fing eine leise Stimme in mir sofort zu diskutieren an, ob Vögel tatsächlich sprechen können, wodurch die Verbindung unterbrochen wurde. Ich drehte um und überlegte, warum ich gezögert hatte, wo ich doch genau weiß, dass bestimmte geflügelte Wesen die Fähigkeit besitzen, Wörter zu formen und Selbstgespräche zu führen, und mitunter ganze Unterhaltungen beherrschen.

Ich beschloss, im Waterfront zu Abend zu essen, ging jedoch in die entgegengesetzte Richtung und kam an einer mit Bildern bemalten Mauer vorbei, Chagallähnliche Szenen aus *Der Fiedler auf dem Dach,* schwebende Geiger inmitten von Flammenzungen, die ein beunruhigendes Gefühl von Nostalgie auslösten. Als ich schließlich kehrtmachte und ins Waterfront trat, wurde mir klar, dass ich einen Fehler gemacht hatte. Die Atmosphäre war völlig anders als am Nachmittag. Ein Billardtisch und nur Typen jeden Alters mit Baseballcaps und riesigen Biergläsern mit Zitronenschnitzen. Einige musterten mich, als ich eintrat, eine harmlose Fremde, dann widmeten sie sich wieder ihren Getränken und Freunden. Auf einem großen Bildschirm lief ein Hockeyspiel ohne Ton. Das lärmende Getöse war typisch männlich, angenehm männlich, und wurde nur unterbrochen, wenn ein Queue eine Billardkugel anstieß und sie ins Loch fiel. Ich bestellte Kaffee und ein Fischsandwich, das teuerste Gericht auf der Speisekarte.

Der Fisch war klein und frittiert, der Salat und die Zwiebeln hingegen waren frisch. Der gleiche Becher mit Seestern, der gleiche Kaffee. Ich legte mein Geld auf den Tisch und verließ das Waterfront. Es regnete, und ich setzte meine Mütze auf. Als ich an dem Wandgemälde vorbeikam, nickte ich dem jiddischen Fiedler zu und klagte ihm stumm meine Angst um Freunde, die mir entglitten.

Die Heizung in meinem Zimmer funktionierte nicht. In eine Decke gewickelt, legte ich mich auf die Couch, schaltete auf den *Extreme Homes*-Kanal und schaute mir halb dösend endlose Episoden an, in denen Architekten erläuterten, wie sie in Felsgestein oder abschüssigen Schiefer bauten, oder die Funktionsweise eines fünf Tonnen schweren rotierenden Kupferdachs erklärten. Wohnstätten, die gewaltigen Felsblöcken glichen und das echte Gestein ihrer Umgebung imitierten. Häuser in Tokio, Vail, der kalifornischen Wüste. Ich schlief ein und öffnete die Augen, als eine Wiederholung lief, in der dasselbe japanische Haus gezeigt wurde und ein weiteres Bauwerk, das die drei Teile der *Göttlichen Komödie* spiegelte. Ich überlegte, wie es wohl wäre, in einem Raum zu schlafen, der Dantes Hölle glich.

Am Morgen beobachtete ich die Möwen, die an meinem Fenster vorbeisausten. Es war geschlossen, ich hörte sie also nicht. Stumme, stille Möwen. Es regnete leicht, das Haar der hohen Palmen wehte im Wind. Mit Mütze und Jacke gewappnet brach ich auf, um irgendwo zu frühstücken. Da das Waterfront geschlossen war, entschied ich mich für ein Café mit eigener Bäckerei und vegetarischer Speisekarte. Obwohl ich Grünkohl mit Süßkartoffeln bestellte, hätte ich viel lieber ein Steak mit Eiern gehabt. Am Nebentisch textete ein Typ seinen Partner zu, es ging um irgendein Land, das riesige fleischfressende Schnappschildkröten importierte, um die Leichen loszuwerden, die in einem heiligen Fluss trieben.

In der Nähe der Rose Street fand ich einen Laden mit gebrauchten Büchern. Ich suchte nach einer Ausgabe von *Das Dritte Reich,* aber es gab keine Bücher von Bolaño. Ich entdeckte eine DVD vom *Rattenfänger von Hameln,* mit Van Johnson in der Hauptrolle. Ich konnte mein Glück kaum fassen und hörte förmlich schon das ergreifende Klagelied von Kay Starr, der Mutter des behinderten Jungen. *Wo ist mein Sohn, mein Sohn John?* Das Lied rief mir die vermissten Kinder in Erinnerung. Kinder und Bonbonpapiere. Es musste einen Zusammenhang geben, wenn auch vielleicht nicht in derselben Umgebung. Unerhört, dass kein Wort darüber in irgendeiner Zeitung stand. Langsam kamen mir Zweifel an der ganzen Sache, obwohl ich mir nicht vorstellen konnte, dass Cammy eine solche Geschichte einfach erfinden würde.

In der Pacific Street schlenderte ich durch einen Arkadengang und blieb vor einer Tür stehen, auf der *Mao's Kitchen* stand. Ich überlegte, ob ich hineingehen sollte, als die Tür geöffnet wurde und eine Frau mir bedeutete einzutreten. Es war ein schlichtes Lokal mit einer offenen Küche, ausgestattet mit großen Herden, auf denen unter einem Schild mit der Aufschrift *The People's Grub* dampfende Töpfe mit Teigtaschen standen; an der hinteren Wand hingen verblasste Poster von Reisfeldern. Ich musste an eine zurückliegende Reise mit meinem Freund Ray denken, als wir nahe der chinesischen Grenze die Höhle suchten, wo Ho Chi Minh die vietnamesische Unabhängigkeitserklärung geschrieben hatte. Wir wanderten durch endlose blassgoldene Reisfelder, der Himmel ein klares Blau, bezaubert von dem spektakulären Anblick, der für die meisten ganz normal war. Die Frau brachte mir einen Becher mit frischem Ingwer, Zitrone und Honig.

– Sie haben gehustet, sagte sie.

– Ich huste immer, erwiderte ich lachend.

Auf meinem Unterteller lag ein Glückskeks, den ich mir für später in die Tasche steckte. Ich fühlte mich wohl in dieser schlichten, dem Essen gewidmeten Atmosphäre und dachte an nichts. Nur flüchtige Gedanken, Belanglosigkeiten, wie etwa eine frühere Bemerkung meiner Mutter, dass Van Johnson immer rote Socken trug, selbst in Schwarz-Weiß-Filmen. Ich fragte mich, ob er sie wohl auch getragen hatte, als er den Rattenfänger spielte.

Zurück in meinem Zimmer, öffnete ich den Glückskeks und entrollte die Botschaft. *Sie werden den Bogen vieler Länder betreten.* Ich werde vorsichtig sein, sagte ich leise, stellte allerdings beim zweiten Lesen fest, dass da *Boden* stand. Am nächsten Morgen beschloss ich zurückzugehen zum Anfang, denselben Weg, in dieselbe Stadt, in dasselbe Hotel in Japantown nahe derselben Friedenspagode. Es wurde Zeit, bei Sandy Wache zu halten, der sich durch zelluläre Extreme kämpfte – und zwar nicht, wie sonst seine Gewohnheit, um ein erdachtes System zu erforschen, sondern um seine eigenen Tiefen auszuloten. Auf dem Weg zum Flughafen kam mir der Gedanke, dass es bei der Rattenfänger-Geschichte eigentlich nicht um Rache, sondern um Liebe ging. Ich kaufte mir ein einfaches Ticket nach San Francisco. Beim Passieren der Sicherheitskontrolle meinte ich einen kurzen Moment lang, Ernest zu sehen.

Friedenspagode, Japantown

INTENSIVSTATION

Auf dem Weg vom Flughafen nach San Francisco herrschte wenig Verkehr. Mein Zimmer im Miyako Hotel war noch nicht fertig, und so schlenderte ich durch zwei Shoppingmalls und aß im On the Bridge. Alles war genauso wie vor wenigen Wochen, allerdings fehlte mir Lennys beruhigende Nähe. Der Koch bereitete Spaghetti mit Fliegenfischkaviar für mich zu. Auf den Bildschirmen liefen Anime-Clips aus *Dragon Ball*. Ich quälte mich von hinten nach vorne durch schwer verständliche Mangas und versuchte aus den Zeichnungen von *Death Note 7* schlau zu werden: Eine dunkle Bedrohung schwebt über dem jungen Light, der Seiten mit immer wieder auftauchenden numerischen Sequenzen durchblättert. Meine Spaghetti waren verschwunden. Ich erinnerte mich kaum, gegessen zu haben. Die Rechnung war auf den 1. Februar datiert. Wohin war der Januar geflogen? Ich machte eine Liste von Dingen, die ich erledigen musste. Ich kümmere mich bald darum, redete ich mir zu, doch am nächsten Morgen würde ich als Erstes ins Krankenhaus gehen, wo Sandy noch immer bewusstlos auf der Intensivstation lag. Ungeachtet dieser Tatsache ging ich in einen Laden und kaufte ihm Süßigkeiten mit roter Bohnenpaste. Sandy liebte solche Sachen, himmlische Leckereien in Fächerform.

Ich ging früh schlafen. Im Fernseher lief nichts, was mich interessierte. Ich fantasierte mich nach Kyoto, was mir nicht schwerfiel, weil neben dem niedrigen Hotelbett eine Reispapierlampe und ein Bambussandkasten standen, in dem verschieden graue Kieselsteine ein sorgsam zusammengefügtes Bild ergaben. Auf dem Nachttisch lag ein bunt gestreifter Bleistift. Ich bin nicht sehr müde, sagte ich mir, ich sollte aufstehen und schreiben, aber ich tat es nicht. Am Ende schrieb ich das, was hier steht, während mir eine ganze Reihe anderer Wörter entglitten und im Äther zu Buchstaben wurden, die mich im Schlaf verfolgten. *Einem Plot folgt man nicht, man handelt ihn aus.* Manga-Richtlinien, ein sich wiederholendes Mantra, das sich mit meinen eigenen Gedanken vermischte.

Der Bleistift schien weit entfernt, außerhalb meiner Reichweite, und ich beobachtete mich tatsächlich beim Einschlafen. Die Wolken waren rosa und fielen vom Himmel. Ich trug Sandalen und stapfte durch Haufen roter Blätter, die einen Schrein auf einem kleinen Hügel umgaben. Da war ein kleiner Friedhof mit Reihen von Affengottheiten, einige geschmückt mit roten Umhängen und Strickmützen. Riesige Krähen pickten im trockenen Laub. *Das hat nichts zu bedeuten,* schrie jemand, und an mehr erinnerte ich mich nicht.

Mithilfe von gemeinsamen Freunden, die sich um Sandy gekümmert hatten, organisierte ich am nächsten Morgen meine Fahrt ins Krankenhaus in Marin County. Da er keine lebenden Angehörigen hatte, übernahm die Aufgabe dieser kleine treue Freundeskreis, der ihn kannte und liebte. Ich trat wieder in die Notaufnahme. Seit meinem letzten Besuch mit Lenny hatte sich nichts verändert; der Arzt hatte offenbar wenig Hoffnung, dass Sandy noch einmal das Bewusstsein erlangte. Ich ging um sein Bett herum. Eine Krankenhaustafel war am Fußende befestigt, sein mittlerer Name war Clarke, mein Sohn war an seinem Geburtstag geboren, eine Tatsache, die ich irgendwie vergessen hatte. Ich stand da und suchte nach den richtigen Gedanken, solchen, die den dicken Schleier des Komas durchdringen könnten. Ich dachte kurz an Arthur Lee im Gefängnis, an kleine rote Bücher, ausgebreitet wie Spielkarten. Ich sah Sandy in Zeitlupe auf einem Parkplatz in der Nähe eines Geldautomaten stürzen. Ich konnte ihn förmlich denken hören. *Genesung. Latein. Fünfzehntes Jahrhundert.* Ich blieb, solange ich konnte, und bemühte mich, meine ausgeprägte Phobie vor Schläuchen, Spritzen und der künstlichen Stille in Krankenhäusern zu verdrängen.

Ich pendelte zwischen Hotel und Krankenhaus hin und her. Die medizinischen Gerüche, die auf Gummisohlen eintretenden Schwestern mit ihren Klemmbrettern und die mit Flüssigkeiten gefüllten Plastikbeutel irritierten mich, wenn ich am Bett saß und verzweifelt nach einem Zugang, einem Verbindungskanal suchte. An meinem letzten Tag schickte mich niemand weg, obwohl die Besuchszeit zu Ende war, und ich blieb bis zum Abend. Ich projizierte Wortkonstellationen auf seine weißen Laken, ein endloses Sammelsurium von Phrasen, die aus den Mündern wundersamer Totems strömten und einen unerreichbaren Horizont säumten. Medea und Affengötter und Kinder und Bonbonpapiere. Was kannst du damit anfangen, Sandy?, drängte ich ihn stumm. Maschinen pulsierten. Kochsalzlösung tropfte. Sandy drückte meine Hand, aber die Schwester sagte, das habe nichts zu bedeuten.

YOM 2016

Gegenüber vom Hotel war ein Paketdienst. Ich packte meine letzten Sachen und schickte sie nach New York, dann ging ich ans andere Ende der Stadt in Richtung Jack-Kerouac-Territorium. Auf dem Weg durch Chinatown geriet ich zufällig in die Vorbereitung für das neue Mondjahr, das Jahr des Affen. Bunte Papierschnipsel fielen aus dem Himmel, kleine Quadrate mit rot aufgedrucktem Affengesicht. *Parade 27.* Sie würde mit Sicherheit spektakulär werden, doch bis dahin war ich längst wieder weg. Merkwürdig, dass ich San Francisco an einem Neujahrstag verlassen hatte und nun an einem weiteren Neujahrstag abreiste. Ich spürte den Sog nach meinem Zuhause, der, wenn ich zu lange dort bin, zum Sog nach einem anderen Ort wird.

Die Bank der drei weisen Affen war leer. Ich setzte mich ein paar Minuten hin, um mich zu sammeln, und ließ mich von den Feierlichkeiten überraschen. Ich erinnerte mich, wie ich als Kind mit meinem Onkel in einem Park vor einer ähnlichen Statue von drei Affen gestanden hatte. Welcher Affe wärst du am liebsten?,

Hie-Schrein

fragte er. Der, der nichts Böses sieht, nichts Böses sagt oder nichts Böses hört? Vor Angst, die falsche Wahl zu treffen, wurde mir leicht übel.

Ich entdeckte eine Seitenstraße in der Nähe des Festplatzes. Teigtaschen zum Mitnehmen, zwei Tische mit gelbem Wachstuch. Keine Speisekarte. Ich setzte mich und wartete. Ein pausbäckiger Junge im Pyjama erschien mit einem Glas Tee und einem kleinen Korb dampfender Teigtaschen, dann verschwand er hinter einem rosa-grün geblümten Vorhang. Eine Zeit lang saß ich da, überlegte, was ich als Nächstes tun sollte, und beschloss am Ende, meinem stärksten Impuls zu folgen. Mit anderen Worten, der Eingebung, die gewann. Der Tee war kalt, und plötzlich wurde mir bewusst, dass ich isoliert in einem merkwürdigen Lokal saß. Dieses übertriebene Gefühl spitzte sich zu, bis ich mir wie eine Gefangene in einem Kraftfeld vorkam, wie eine Bewohnerin in der Flaschenstadt Kandor in einem alten *Superman*-Comic.

Ein paar Straßen weiter gingen Knaller los. Das Jahr des Affen hatte begonnen, und ich hatte keine Ahnung, was es bringen würde. Meine Mutter war 1920 geboren, im Jahr des Metall-Affen, und ich dachte, dass mich ihr Blut vielleicht beschützte. Da der Junge sich nicht mehr blicken ließ, legte ich Geld auf den Tisch, schlüpfte durch die unsichtbare Barriere und ging von Chinatown nach Japantown zurück in mein Hotel.

Ich breitete meine wenigen Habseligkeiten auf dem

Bett aus: die Kamera mit dem zerdrückten Balgen, Ausweis, Notizbuch, Stift, totes Handy und etwas Geld. Ich beschloss, bald nach Hause zu fahren, aber nicht sofort. Mit dem Hoteltelefon rief ich den Dichter an, der mir mal einen schwarzen Mantel geschenkt hatte, einen geliebten Mantel, den ich verloren hatte.

– Ray, kann ich dich für ein paar Tage besuchen?

– Klar, sagte er, ohne zu zögern, du kannst in meinem Café schlafen. Ich mache grünen Kaffee.

Ich nahm ein japanisches Frühstück aus einer länglichen lackierten Box zu mir und checkte anschließend aus. Der alte Hoteldiener, der seit Jahren hier arbeitete, fragte mich, wann ich wiederkäme.

– Bald, schätze ich, wenn ich wieder hier zu tun habe.

– Dann wird es anders sein, sagte er traurig. Keine japanischen Zimmer mehr.

– Aber das ist doch immer ein japanisches Hotel gewesen, protestierte ich.

– Alles verändert sich, sagte er, als ich ins Taxi stieg.

Der Flug nach Tucson dauerte zwei Stunden und elf Minuten. Ray holte mich ab.

– Wo bist du gewesen?, fragte er.

– Ach, überall. Santa Cruz. San Diego. Und du?

– Ich war in Guatemala, Kaffee kaufen. Dann in der Wüste. Ich habe versucht, dich zu erreichen, sagte er mit zusammengekniffenen Augen.

– Ich habe keine Nachricht bekommen, sagte ich entschuldigend. Mein Handy ist schon seit einiger Zeit tot.

– Ich meine nicht so eine Nachricht, sagte er.

– Ach so, sagte ich lachend. Nun, ich bin hier, ist also wohl angekommen.

Er schloss das Café, kochte uns eine Suppe aus Mais und Yucca, dann rollte er eine Matte aus und bereitete mir ein Bett. Wir kannten uns schon sehr lange, hatten zusammen unwirtliche Orte bereist und konnten uns mühelos aufeinander einstellen. Er richtete mir einen Arbeitstisch ein und gab mir eine Kinderlampe mit einem aufgemalten Wasserfall auf dem Schirm, der bei eingeschaltetem Licht zu fließen schien. Spät am Abend hörten wir Maria Callas und Alan Hovhaness und Pavement. Er spielte Schach auf seinem Computer, während ich die Bücher auf seinen Regalen überflog, darunter die *Cantos* von Ezra Pound, die gesammelten Werke von Rudolf Steiner und ein dicker Schinken über euklidische Geometrie, den ich aus dem Regal nahm. Ein reich illustriertes Buch, das ich nicht annähernd verstand, aber aufzunehmen versuchte.

– Ich habe deinen Mantel verloren, sagte ich. Den schwarzen, den du mir zum Geburtstag geschenkt hast.

– Er kommt bestimmt zurück, sagte Ray.

– Und wenn nicht?

– Dann wird er dich im Jenseits erwarten.

Ich lächelte und fühlte mich seltsam beruhigt. Ich erwähnte nicht die Bonbonpapiere oder die vermissten Kinder oder Ernest. Irgendwie hatte ich die Haut jener Tage schon abgeworfen. Aber wir unterhielten uns über

Sandy und über viele tote Freunde, die durch unser gemeinsames Erinnern wieder lebendig wurden. Ein paar Tage später musste Ray verreisen. Ich weiß nicht, wann ich zurück bin, sagte er, aber bleib, solange du willst. Er lud mein Handy auf und zeigte mir, wie sein Kurzwellenradio funktionierte. Ich fummelte eine Weile daran herum und blieb bei Grateful Dead hängen.

Es war noch dunkel, und Jerry sang *Palm Sunday.* Mir war kalt. Ich suchte im Schrank nach etwas Warmem und fand eine weißgraue Wolldecke, aus der etwas herausfiel, als ich sie ausschüttelte. Als ich mich bückte, um es aufzuheben, fiel ein Mondkegel durchs Fenster. Ein zerknittertes Papier mit der Aufschrift Peanut Chewz in der falschen Farbe, *chews* falsch geschrieben, keine Schokoladenreste. Neugierig suchte ich im Schrank weiter und fand eine locker mit Packband zugeklebte Schachtel. Eine ganze Schachtel voller makelloser Verpackungshüllen, Hunderte davon. Ich steckte mir ein paar in die Tasche, klebte die Schachtel wieder zu und ging nach draußen, um den Mond zu betrachten, eine große helle Torte am Himmel.

Unsere Unterhaltung ging mir durch den Kopf. *Ich habe versucht, dich zu erreichen.* Natürlich. So lief unsere seelische Verbundenheit. Ich dachte an die vielen Orte, die wir bereist hatten: Havanna, Kingston, Kambodscha, Christmas Island, Vietnam. Wir hatten den Lenin-Bach aufgesucht, wo Ho Chi Minh sich gewaschen hatte. In Phnom Penh waren wir durch über-

flutete Straßen gewatet, und danach war ich von Blutegeln übersät. Im Hotel stand ich schaudernd im Bad am Waschbecken, während Ray seelenruhig die Egel von mir pflückte. In Angkor Wat erschien ein mit Blumen geschmücktes Elefantenbaby aus dem dichten Dschungel. Ich hatte meine Kamera dabei und schlich mich davon, um ihm zu folgen. Als ich zurückkam, saß Ray auf der großen Veranda eines Tempels, umgeben von Kindern. Er sang ihnen ein Lied vor, die Sonne umfing sein langes Haar wie ein Heiligenschein. Ich musste unwillkürlich an den Bibelspruch denken: *Lasst die Kinder zu mir kommen.* Ray sah lächelnd zu mir hoch. Ich hörte Lachen, klingelnde Glöckchen, nackte Füße auf den Tempelstufen. Alles war so nah, die Strahlen der Sonne, die Anmut, die für immer verlorene Zeit.

AM MORGEN trank ich im Stehen zwei Gläser Mineralwasser und aß Rührei mit Frühlingszwiebeln. Ich zählte mein Geld, steckte eine Landkarte ein, füllte eine Flasche mit Wasser und wickelte zwei Brötchen in ein Tuch. Es war das Jahr des Affen, ich war in neuem Territorium gelandet, auf einer schattenlosen Straße unter der molekularen Sonne. Ich ging immer weiter und dachte, irgendwann würde ein Auto anhalten. Als ich zum Schutz vor der Sonne die Hand über die Augen hielt, sah ich ihn kommen. Er rollte das Fenster eines ramponierten blauen Ford Pick-ups herunter, ein Stück alter Himmel auf Rädern. Er trug ein anderes Hemd, an dem keine Knöpfe fehlten, und überhaupt kam er mir verändert vor, wie jemand, den ich früher kannte.

– Du bist kein Hologramm, oder?, fragte ich.

– Steig ein, sagte Ernest. Wir fahren durch die Wüste. Ich kenne dort ein Lokal, wo es die besten Huevos Rancheros gibt und einen Kaffee, der dir mit Sicherheit schmeckt. Dann sagst du mir, ob ich ein Hologramm bin oder nicht.

Am Rückspiegel hing ein Rosenkranz. Mit Ernest ins Ungewisse zu fahren, fühlte sich vertraut an; ob Traum oder nicht, wir hatten schon seltsames Gelände durchquert. Ich vertraute seinen Händen am Steuer. Sie erinnerten mich an andere Hände, Hände von guten Menschen.

– Schon mal von einem Auspuff gehört?, sagte ich.

– Ist halt ein alter Truck, erwiderte er.

Ernest bestritt den Großteil der Unterhaltung. In seiner leisen, meditativen Art sprach er über metaphysische Geometrie, als zöge er die Worte aus einem geheimen Fach. Ich kurbelte das Fenster herunter. Überall Gestrüpp, dazwischen andächtige Kakteen.

– Es gibt keine Hierarchie. Das ist das Wunder eines Dreiecks. Kein oben, kein unten, Ausgewogenheit. Vergiss die Bezeichnungen für die Dreifaltigkeit – Vater, Sohn und Heiliger Geist – und ersetze sie durch Liebe. Verstehst du, was ich meine? Liebe. Liebe. Liebe. Ein

Gleichgewicht, das unser gesamtes sogenanntes spirituelles Dasein umfasst.

Wir fuhren in westlicher Richtung, bis Ernest in einen kleinen Außenposten einbog, mit einer Zapfsäule, ein paar Souvenirs und einem kleinen Lokal. Eine Frau kam heraus und begrüßte ihn wie einen alten Freund, dann brachte sie uns Kaffee und zwei Teller Huevos Rancheros mit Bohnenmus und einem cremigen Avocado-Dip. An der Wand hing ein mit Öl gezeichnetes Malen-nach-Zahlen-Bild der Jungfrau von Guadelupe, daneben in einem Blechrahmen ein verblasstes Foto von Frida Kahlo und Leo Trotzki.

– Meine Enkelin hat es gemalt, sagte die Frau und wischte sich die Hände an ihrer Schürze ab.

Es war ein ziemlich schlechtes Bild, aber konnte man das einem Kind verübeln?

– Wirklich hübsch, sagte ich.

Ernest sah mich über den Tisch hinweg an.

– Und?, sagte er gespannt.

– Und was?

– Du hast mir nicht zugehört. Du warst in Gedanken woanders.

– Oh, entschuldige.

– Also, fuhr er fort, während er mit der Gabel im letzten Rest seiner Bohnen stocherte, sind das die besten Huevos, die du jemals gegessen hast?

– Sie sind wirklich gut, sagte ich, aber ich glaube, ich hatte schon bessere.

Liebe. Liebe. Liebe

– Ich höre, sagte Ernest leicht gereizt.

– In Acapulco, 1972. Ich war Gast in einer Villa mit Meerblick. Ich kann nicht schwimmen, und vor dem Haus war ein großer, ziemlich tiefer Swimmingpool. Ein anderer Gast brachte mir bei, wie man sich auf dem Rücken treiben lässt, was ich damals als ziemlich große Leistung empfand.

– Schwimmen wird überschätzt, sagte Ernest.

– Eines Morgens ging ich vor dem Frühstück in den Pool und ließ mich auf dem Rücken treiben. Ich schloss die Augen, weil die Sonne schon ziemlich hell schien, und fühlte mich rundum wohl, aber als ich die Augen öffnete, kreisten Falken über mir.

– Wie viele?

– Keine Ahnung. Drei, vielleicht fünf, aber ich glaube, sie hatten rote Schwänze. Sie waren wunderschön, viel zu nah, und ich überlegte, ob sie mich vielleicht für tot hielten, und geriet in Panik. Ihre Flügel leuchteten in der Sonne, und ich schlug wie wild um mich und dachte tatsächlich, ich würde ertrinken. Plötzlich hörte ich ein lautes Platschen. Der Koch war in den Pool gesprungen, packte mich um die Taille, hob mich hoch, zog mich nach draußen und presste mir das Wasser aus der Lunge. Dann trocknete er mich ab und machte mir Huevos Rancheros. Die besten, die ich je gegessen hatte.

– Ist das wirklich passiert?

– Ja, sagte ich, ohne jede Übertreibung, ich träume noch heute davon. Aber es war kein Traum.

Außenposten, Saltonsee

– Wie hieß der Koch?

– Er war der Koch. An seinen Namen erinnere ich mich nicht, aber ich habe ihn nie vergessen. Ich erkenne sein Gesicht in vielen Gesichtern. Er war der Koch, weiß gekleidet, und er hat mir das Leben gerettet.

– Woher kommst du eigentlich?

– Warum?, fragte ich lachend. Willst du mich nach Hause fahren?

– Möglich ist alles, sagte er. Schließlich haben wir das Jahr des Affen.

Er legte etwas Geld auf den Tisch, und wir gingen nach draußen. Ich trank meinen Kaffee aus und stieg wieder in den Truck, während er einen Reifen prüfte. Ich wollte ihn gerade nach seinen Erwartungen an das neue Mondjahr fragen, als mir auffiel, dass die Sonne sich verändert hatte. Eine Zeit lang fuhren wir schweigend dahin, während sich der Himmel in ein strahlendes, rot und violett gestreiftes Rosa verfärbte.

– Das Dumme am Träumen ist, sagte Ernest, aber ich war eine Welt entfernt und wanderte über rote Erde im Herzen Nord-Australiens.

– Da musst du unbedingt hin, sagte er entschieden.

– Eigentlich, sagte ich leicht überrascht, brauche ich im Augenblick nur eine Toilette.

Wir waren umgeben von plattem Land. Ich hätte vorher gehen sollen, meinte mich aber an ein *Außer Betrieb*-Schild an der Toilettentür zu erinnern. Wir befanden uns inmitten einer steinigen, mit kärglichen Stoppeln

bewachsenen Landschaft. Ziemlich ausgedörrt, ein bisschen wie der Mond. Ernest fuhr von der Straße ab, und wir saßen einfach da. Der Druck auf meiner Blase nahm zu. Ich packte meinen Beutel, lief ein Stück, bis ich außer Sichtweite war, und hockte mich hinter ein paar silbrige Kakteen. Eine lange Urinspur glitt über die ausgeglühte Erde. Ich grübelte über die Tatsache nach, dass Ernest meine Gedanken an Ayers Rock irgendwie ahnte. Ich dachte an Sam, mit dem ich vor Jahren oft denselben Traum träumte und dass er noch heute immer zu wissen scheint, was ich denke. Eine winzige Eidechse huschte über meinen Stiefel. Ich schüttelte mich zurück in die Gegenwart, stand auf, zog meine Hose hoch und ging zurück zum Truck. Kleine Fischskelette lagen verstreut in der öden Landschaft, Hunderte, vielleicht Tausende, eingerollt wie salzverkrustete Bonbonpapiere. Als ich näher kam, sah ich nur noch eine Staubwolke. Ernest hatte sich davongemacht. Ich stand reglos da, schätzte meine Lage ab und dachte, es ist in Ordnung, wahrscheinlich spielt es keine Rolle, ob man in der Umgebung des Saltonsees festsitzt, der gar kein See ist, oder an einem anderen gottverlassenen Ort.

Ich hatte das Gefühl, endlos weit zu gehen, ohne dass sich die Umgebung veränderte. Ich war sicher, eine riesige Strecke zurückgelegt zu haben, nur führte sie nirgendwohin. Ich beschleunigte meinen Schritt, wurde wieder langsamer und dachte, irgendwann würde ich mit mir selbst zusammenstoßen und den Kreis durchbrechen, aber Fehlanzeige, das weite Wüstenpanorama passte sich immer wieder an, bis jeder neue Versuch zu einem in sich geschlossenen Kreis wurde. Ich holte ein altes, in eine Serviette gewickeltes Brötchen aus der Tasche. Es war mit Zucker bestreut und schmeckte leicht nach Orangen wie diese mexikanischen Kuchen, die es am Tag der Toten gibt. Ich dachte an die Jugendlichen in dem Diner und überlegte, ob ihre Unterhaltung bloßer Zufall war und ob meine Feststellung, *Bonbonpapier* sei ein Substantiv, wirklich stimmte. Ich überlegte außerdem, ob meine banalen Gedankengänge mein Vorankommen womöglich behinderten.

Ich wechselte zu einem mentalen Dartspiel mit einer rotierenden Scheibe, das zeitüberwindende Möglichkeiten bot, ein Spiel, das Sandy und ich gerne auf langen Fahrten spielten. Ich warf einen Pfeil, der den ganzen Weg nach Flandern am Ende des Mittelalters erhellte und mich veranlasste, die Luft mit neuen Fragen zu bestürmen wie etwa, warum die vergoldeten Worte der jungen, in ein Gewand gehüllten Maria auf der Verkündigungstafel des Genter Altars auf dem Kopf stehend geschrieben sind. Könnte es sein, dass der Maler mit uns nur gespielt hat? Oder wollten ihre Worte dem Auge des Heiligen Geistes, der durchscheinend und geflügelt über ihr schwebt, beim Lesen schlicht entgegenkommen?

Diese Überlegungen verdrängten allmählich jeden Gedanken an Substantive und Verben oder die Frage, wo ich mich befand, da ich mich fließend in der kunsthistorischen Vergangenheit bewegte. Ich sah, wie die Hand des meisterlichen Malers die Außenflügel der Tafeln schloss. Ich sah, wie andere Hände dieselben Flügel ehrfürchtig wieder öffneten. Ihre Holzrahmen waren dunkel vom Lauf der Zeit. Ich sah, wie Diebe die Tafeln zu einem Schiff trugen, das in tückischen Gewässern segelte. Ich sah den zerschmetterten Rumpf und den gebrochenen Mast. Am hellblauen Himmel war keine Wolke zu sehen, und ich lief immer weiter, trank wenig, teilte meinen Wasservorrat sorgsam ein. Ich ging, bis ich dort war, wo ich sein wollte, vor der Taube und der Jungfrau und dem von aller Last befreiten Lamm.

WAS MARCUS SAGTE

Die Zeitzonen von Westen nach Osten zu durchqueren ist schwieriger zu verkraften als umgekehrt. Ein Umstand, der mit den Schrittmacherzellen zusammenhängt. Dabei handelt es sich nicht um ein künstliches Gerät, sondern einen Abschnitt des Gehirns, der unseren Körper rundlaufen lässt. Die Wochen an der Westküste hatten meinen Schrittmacherzellen eindeutig übel mitgespielt. Beim Abendessen war ich erschöpft, dann nickte ich ein und wachte um zwei Uhr nachts auf. Ich gewöhnte mir an, nachts spazieren zu gehen, eingehüllt in Stille. Der fehlende Verkehr verlieh der Luft eine fast greifbare Schwere. Ich war zu Hause, mitten im Februar, dem vergessenen Monat.

Der Valentinstag war der kälteste in der Geschichte New Yorks jemals verzeichnete. Alles war von einem kompakten Mantel aus Frost überzogen, kahle Äste, bespannt mit vielen gefrorenen Herzen. Gehänge aus Eis, spitz genug, um zu verletzen, fielen krachend von Dächern und Gerüsten auf die Bürgersteige, wo sie wie ausrangierte Waffen aus früheren Zeiten lagen.

Ich schrieb nur wenig und hielt auch nicht Zwiespra-

Hieronymus im Gehäus, Albrecht Dürer

che mit dem Traum des Träumers. In ganz Amerika schien ein Licht nach dem anderen zu erlöschen. Die Öllampen eines früheren Zeitalters flackerten und erstarben. Das Schild blieb stumm, nur die Bücher auf meinem Nachttisch lockten mich. *Der Kinderkreuzzug. Colossus.* Marcus Aurelius. Ich schlug seine *Meditationen* auf und las: *Tue nicht, als wenn du Tausende von Jahren zu leben hättest* ... Für mich, die ich die Leiter der Zeit zu meinem siebzigsten Geburtstag erklomm, ergab das einen schrecklichen Sinn. Reiß dich zusammen, sagte ich mir, genieße die letzten Jahreszeiten, in denen du neunundsechzig bist, die heilige Jimi-Hendrix-Zahl und seine Antwort auf eine solche Ermahnung: *I'm going to live my life the way I want to.* In meiner Fantasie sah ich Marcus und Jimi aufeinandertreffen, und jeder schnappte sich einen gewaltigen Eiszapfen, der in ihren Händen schmolz, lange bevor sie sich auf einen Streit einließen.

Die Katze rieb sich an meinem Knie. Ich öffnete eine Dose Sardinen, zerstückelte ihre Portion, schnitt dann ein paar Zwiebeln klein, toastete zwei Scheiben Haferbrot und machte mir ein Sandwich. Als ich mein Bild auf der silbrigen Fläche des Toasters anstarrte, fand ich, dass ich zugleich jung und alt aussah. Hastig aß ich mein Sandwich, ohne hinterher aufzuräumen, und sehnte mich nach einem kleinen Lebenszeichen, einer Armee von Ameisen, die lose Krümel aus den Rissen der Küchenfliesen mit sich schleppten. Ich sehnte mich nach sprießenden Knospen, gurrenden Tauben, sich lichtender Dunkelheit, der Rückkehr des Frühlings.

Marcus Aurelius fordert uns auf, das Verstreichen der Zeit offenen Auges wahrzunehmen. Zehntausend Jahre oder zehntausend Tage, nichts kann die Zeit aufhalten oder an der Tatsache rütteln, dass ich im Jahr des Affen siebzig würde. Siebzig. Nur eine Zahl, aber eine, die anzeigt, wie der zugeteilte Sand durch die Eieruhr rinnt, und man selbst ist das verflixte Ei. Während die Körner rieseln, ertappe ich mich dabei, dass ich die Toten stärker vermisse als früher. Ich stelle fest, dass ich öfter weine, wenn ich im Fernsehen Liebesszenen sehe, einen in Ruhestand gehenden Detektiv, dem man in den Rücken schießt, während er aufs Meer blickt, oder einen müden Vater, der sein Kind aus seinem Bettchen hebt. Ich merke, dass mir die Tränen in den Augen brennen, dass ich keine schnelle Läuferin mehr bin und mein Zeitgefühl sich beschleunigt.

Ich tue mein Bestes, um dieses wiederkehrende Bild zu meinen Gunsten zu wenden, und ersetze die Eieruhr durch ein kristallenes Stundenglas mit dem Staub von zermahlenem Marmor, wie in der hölzernen Studierstube des hl. Hieronymus oder der Werkstatt von Albrecht Dürer. Doch selbst ein imposantes Glas mit feineren Körnern wirkt nicht beruhigend, weil auch die Fließgeschwindigkeit des Sandes durch ein Stundenglas vermutlich einem festen Prinzip unterliegt.

Seit ich über Marcus nachdenke, versuche ich die

verrinnende Zeit bewusster wahrzunehmen und diesen kosmischen Wechsel von einer Zahl zur nächsten genau zu verfolgen. Trotz aller Mühen schwindet der Februar dahin, auch wenn mir das Schaltjahr einen zusätzlichen Tag beschert. Auf dem Tageskalender starre ich auf die Zahl 29 und reiße dann zögernd die Seite ab. Erster März. Mein Hochzeitstag, zwanzig Jahre ohne ihn, was mich veranlasst, eine längliche Schachtel unter dem Bett vorzuziehen und den Deckel lange genug zu öffnen, um die Falten eines viktorianischen Kleides mit einem brüchigen Schleier zu glätten. Als ich die Schachtel wieder an ihren Platz zurückschiebe, gerate ich aus dem Gleichgewicht und spüre einen leichten Schwindel, verursacht durch Trauer.

In der Außenwelt hatte sich der Himmel rasch verdunkelt, starke Winde wehten aus allen vier Richtungen und wüteten mit jäh einsetzenden Regengüssen, bis schließlich, einfach so, alles zusammenbrach. Es ging so schnell, dass mir keine Zeit blieb, Kleider und Bücher vom Boden aufzuheben oder mein Dachfenster zu schließen, überall rauschte Wasser, das erst meine Knöchel umbrandete und dann meine Knie. Die Tür schien zu verschwinden, und ich war in der Mitte meines Zimmers gefangen, als sich eine elliptische Schwärze, eine zunehmend größer werdende Öffnung in der Wand auf einen langen Weg öffnete, auf dem dunkle Spielsachen verstreut lagen. Ich watete darauf zu und sah Kreisel, die unkontrolliert durch ein schmales Narzissenbeet rasten, es niedermähten und die trompetenförmigen Blüten in die unberechenbare Luft schleuderten. Mit ausgestreckten Armen suchte ich tastend einen Weg hinaus in die Leere, als mich ein Chor von vogelartigen Stimmen erschreckte.

– Ist nur ein Spiel, zwitscherte eine höhnische Stimme.

Der arrogante Tonfall des Schildes, zweifellos. Ich wich zurück und nahm meinen Mut zusammen.

– Na gut, gab ich zurück, aber welches Spiel?

– Das Spiel der Verwüstung natürlich.

Ich hatte von diesem sogenannten Spiel gehört. Verwüstung, ein Spiel mit einer kleingeschriebenen Gottheit, das dem leichtgläubigen Teilnehmer nichts als Ärger einbringt. Man wird von den Größen einer schrecklichen Gleichung attackiert. Ein böser Blick, zwei kreisende Sterne und ewig drehende Zahnräder. Grenzenlose Verwüstung, angestiftet vom herrschenden Mondgott und seiner geflügelten Affenbande, ein allgegenwärtiger Haufen, der einst in den hypnotischen Feldern von Oz der nichts ahnenden Dorothy nachstellte.

– Ich spiele nicht mit, sagte ich entschieden, und so unvermittelt wie das Ganze begonnen hatte, hörte es auch wieder auf.

Ich schätzte den Schaden ein. Außer einer ziemlichen Unordnung war alles wie zuvor. Umgeben von plötzlicher Stille untersuchte ich die Wand: nicht die leiseste Spur eines ovalen Zugangs, nicht eine Delle, der Putz vollkommen glatt. Ich fuhr mit der Hand darüber und stellte mir Fresken vor, ein wuseliges Atelier, gesäumt von Schälchen mit glitzernden Pigmenten, ein Himmel aus Preußischblau, Ockergelb und Karminrot. Früher sehnte ich mich danach, in einer solchen Zeit zu leben, ein junges Mädchen mit einer Musselinhaube, das staunend vor Goethes Farbenkreis steht, der sich hell und verborgen langsam unter der Oberfläche eines Quecksilberteichs dreht. Auf der Suche nach seiner Quelle stellte ich fest, dass die Frühlingsnarzissen zu früh geknospt hatten, und sah das Mädchen schaudernd zurückschrecken.

Wasser tropfte vom ungesicherten Teil des Dachfensters. Überall abgetrennte Blütenköpfe, die einen betäubenden Duft verströmten, wenn man sie zertrat. Ich schüttelte die einschläfernde Wirkung ab, warf die gelben Köpfe in den Müll, holte Eimer und Mopp und wischte den Holzfußboden. Danach machte ich mich daran, mehrere mit Wasser vollgesogene Seiten eines Manuskripts zu trennen, und sah bestürzt zu, wie die Schrift sich in nicht entzifferbares Geschmier auflöste.

– Der Teich ist auch ein Spiegel, sagte ich laut, zu wem auch immer, der mir zuhören mochte.

Ich setzte mich auf die Bettkante, atmete mehrmals tief durch und zog trockene Socken an. Die kommenden Märztage verhöhnten mich. Der Tod von Artaud. Robert Mapplethorpes Ableben. Die Geburt von Robin und der Geburtstag meiner Mutter am gleichen Tag, an dem die Schwalben angeblich nach San Juan Capistrano zurückkehren, gefolgt vom ersten Frühlingstag. Meine Mutter. Manchmal sehnte ich mich unendlich nach ihrer Stimme. Ich fragte mich, ob ihre Schwalben wohl dieses Jahr zurückkehren würden, die erneut gestellte Frage eines Kindes.

Märzwinde. Märzhochzeit. Die Iden des März. Josephine March. Ein Monat mit vielen starken Assoziationen. Und natürlich gab es schon immer den Märzhasen. Ich entsinne mich, dass ich als Kind ziemlich angetan war von dem skurrilen Hasen und sicher war, er und der verrückte Hutmacher wären ein und derselbe. Ich war überzeugt, sie wären vertauschbar und könnten dennoch sie selbst bleiben. Vernünftige Erwachsene hielten das für unwahrscheinlich, aber ich ließ mich von ihren Argumenten nicht beirren, weder von John Tenniels Illustrationen noch von Disney-Cartoons, nicht einmal von Lewis Carroll höchstpersönlich. Meine Logik mag löchrig gewesen sein, doch das Wunderland war es auch. Der Hase wachte über eine nicht endende Teegesellschaft, da die zählbare Zeit ausgeschaltet worden war, lange bevor die Runde begann. Dafür sorgte der Hutmacher, indem er seine Arme ausbreitete und den unveränderlichen Titelsong im Wunderland sang, ein Song, den ich in meiner Kindheit immer wieder gebannt hörte. Als Johnny Depp die Rolle des Hutmachers übernahm, wurde auch er in diese Fülle des Daseins gezogen und war nicht mehr länger nur Johnny. Er wurde zweifellos der Herold dieses verklärten kleinen Liedes.

– Wollen wir ein bisschen sterben?, sang er mit ausgebreiteten Armen, als wollte er alle umfassen. Mit eigenen Ohren hörte ich, wie jede Note gleich einer Freudenträne platschte und sich dann auflöste. Die Frage von Johnnys Hutmacher hat mich seitdem immer wieder beschäftigt – *Wollen wir ein bisschen sterben?* Was könnte er damit gemeint haben? Eine zweifellos herrliche Verrücktheit oder irgendein homöopathischer Zauber, ein kleiner Tod, der gegen die Schrecken des größeren immun machte.

Die ersten Stunden im März verschmolzen mit den folgenden Tagen. Ich ließ mich treiben, nicht mehr als ein Tropfen, der am Ringelschwanz des Affen hinabglitt. Am Geburtstag meiner Mutter wurde berichtet, dass die Schwalben tatsächlich den Weg zurück nach Capistrano gefunden hatten. In der Nacht träumte ich, dass ich wieder im Miyako Hotel in San Francisco war. Ich stand in der Mitte eines Zengartens, der nicht viel größer war als ein besserer Sandkasten, und hörte die Stimme meiner Mutter. Patricia, mehr sagte sie nicht.

Am ersten Frühlingstag schüttelte ich das Federbett aus und öffnete die Fenster. Virtuelle Medaillons fielen von den Ästen junger Bäume, und der betäubende Duft von Narzissen kehrte zurück. Ich widmete mich der Hausarbeit und pfiff eine lange vergessene Melodie, in der Gewissheit, dass wir uns wie die Jahreszeiten durchsetzen und dass zehntausend Jahre nur ein Blinzeln im Auge eines Planetenrings sind, oder dem eines Erzengels, bewaffnet mit einem gläsernen Schwert.

Sams Stetson

BIG RED

Erster April. Ein Gauner riss tatendurstig die Zügel an sich, während Wellen der Verwirrung auf uns zurollten, stahlharte Brecher, die uns stolpern ließen und dauerhaft aus dem Gleichgewicht brachten. Die Nachrichten überschlugen sich, und alle versuchten fieberhaft, den Wahlkampf eines Kandidaten zu begreifen, der so schnell Lügen produzierte, dass niemand mithalten oder sie entlarven konnte. Er bog sich die Welt nach seinem Gusto zurecht und begoss sie mit einer metallischen Substanz, dem Gold des Narren, das schon abblätterte. Es goss in Strömen, Aprilregen wie in dem Kinderreim, er fiel in ganz Amerika, auch im Westen in Marin County, wo er ein melancholischer Zeuge von Sandys Überlebenskampf wurde. Ich gab mir Mühe, mein Unwohlsein abzuschütteln, meine Arbeit zu erledigen, meine Gebete zu sprechen, den rechten Moment abzuwarten. Und immer prasselte Regen auf mein Dachfenster, eintausend unstete Hufschläge, großzügige Energien, die in Richtung Erde rasten.

Ich saß am Schreibtisch, klappte meinen Computer auf und ging aufmerksam eine lange Liste von Anfragen durch. Es waren jede Menge, die meisten arbeitsbezogen, und ich fing an, alle möglichen Angebote in Betracht zu ziehen, als ich irgendwo in der Mitte aufgeregt innehielt. Man bot mir Arbeit in Australien an, in einem Jahr, Konzerte in Sydney, Melbourne und bei einem Festival in Brisbane. Ich schloss den Computer, nahm einen Atlas zur Hand und schlug eine Karte von Australien auf. Es war ein weiter Weg und noch lange hin, aber ich wusste genau, was ich wollte: Ich würde neun Konzerte geben und anschließend, wenn die Band zurückgeflogen war, in eine Propellermaschine nach Alice Springs steigen und mir dort einen Fahrer suchen, der mich nach Uluru brachte. Ich antwortete sofort. Ja, ich werde kommen, und markierte die Tage im Kalender für 2017, der noch vollkommen leer war. Mehrere *A*s verteilt auf den folgenden März, von Australien bis Ayers.

Das Schild des Dream Motels und auch Ernest wussten unerklärlicherweise von meinem Wunsch, Ayers Rock zu sehen. Vor Jahrzehnten hatte mein kleiner Sohn, angeregt durch eine beliebte Zeichentrickserie, die wir uns gemeinsam ansahen, mit roten Farbstiften Bilder davon in mein Notizbuch gezeichnet und die Schrift darunter verschmiert. Meine Hoffnungen, irgendwann mit Sam dorthin zu fahren, waren zerstört, aber ich würde mit Sicherheit seinen Segen für meine Reise bekommen. Im Schrank warteten meine Stiefel, an deren Sohlen merkwürdigerweise die rote Erde eines Ortes haftete, an dem ich noch nie gewesen war.

Als ich Sam ein paar Tage später anrief, erwähnte ich nicht den großen roten Monolithen. Stattdessen unterhielten wir uns über rote Pferde.

– Vor ein paar Tagen war der Geburtstag von Secretariat.

– Wie kommt es, dass du den Geburtstag von einem Pferd weißt?, sagte Sam lachend.

– Weil es ein Pferd ist, das du liebst, sagte ich.

– Komm nach Kentucky. Dann erzähle ich dir die Geschichte von Man o' War, auch ein großer Fuchs. Wir können beim Derby wetten und sehen uns das Rennen im Fernsehen an.

– Das machen wir, Sam. Bevor ich komme, werfe ich einen Blick auf das Feld.

Am ersten Mai saß ich auf meiner Veranda in Rockaway. Überall auf meinem kleinen Grundstück blühten blaue Wildblumen, als hätte der Himmel sie gesät. Obwohl nur eine lange U-Bahn-Fahrt von meiner Stadtwohnung entfernt, fällt hier draußen alles Weltgeschehen von mir ab. Was bleibt, sind ein paar vereinzelte Schmetterlinge, zwei Marienkäfer und eine Gottesanbeterin. Hier zählt nur mein Schreibtisch mit einem Kabinettporträt des jungen Baudelaire, ein Automatenfoto der jungen Jane Bowles, ein Christus ohne Arme aus Elfenbein und ein kleiner gerahmter Druck von Alice im Gespräch mit dem Dodo. Hier zählt nur ein leicht unscharfes Polaroid von Sam und mir, im Café 'Ino aufgenommen vor ein paar Jahren, als alles noch fast normal war.

Ich studierte den *Morning Telegraph,* wie ich es als kleines Mädchen in Nachahmung meines Vaters getan hatte, ein meditativer Handicapper. Vielleicht lag es mir im Blut, denn meistens war ich ganz gut darin, Pferde und ihre Platzierungen zu bestimmen. Für dieses spezielle Feld konnte ich allerdings kein Gefühl entwickeln, und so entschied ich mich am Ende für Gun Runner. Zwei Tage später kaufte ich mir ein Flugticket nach Cincinnati, bezahlte einen Fahrer, um mich über die Staatsgrenze zu einer Tankstelle zu bringen, wo ich abgeholt würde. Ich sah den weißen Truck näher kommen. Sam und seine Schwester Roxanne. Es versetzte mir einen Stich, dass Sam nicht am Steuer saß.

Ein Jahr zuvor hatte Sam mich an Thanksgiving unter einigen Mühen in seinem Truck am Flughafen abgeholt und seine Ellbogen zum Steuern des Lenkrads benutzt. Er tat, was er konnte, und wenn er etwas nicht konnte, behalf er sich. Zu der Zeit überarbeitete er gerade *The One Inside.* Wir standen früh auf, arbeiteten mehrere Stunden, legten eine Pause ein und setzten uns draußen in seine Adirondack-Stühle, wo wir uns hauptsächlich über Literatur unterhielten. Nabokov und Tabucchi und Bruno Schulz. Ich schlief auf der Ledercouch. Sein Atemgerät verströmte ein sanftes, einlullendes Summen. Wenn er sich bettfertig machte, seine Decke hochzog und die Hände faltete, fügte ich mich stillschweigend seinem Rhythmus.

– Jeder stirbt, hatte er gesagt und auf seine Hände geblickt, die allmählich ihre Kraft verloren. Natürlich habe ich es mir anders vorgestellt. Aber es ist in Ordnung. Ich habe mein Leben so gelebt, wie ich wollte.

Wie immer fingen wir auch diesmal gleich mit der Arbeit an. Sam war auf der Zielgeraden und wollte unbedingt *The One Inside* beenden. Da ihn das Schreiben körperlich zunehmend erschöpfte, las ich ihm das Manuskript vor, und er dachte über Korrekturen nach. Seine letzten Änderungen erforderten mehr Nachdenken als Schreiben, es war eine Suche nach den gewünschten Wortkombinationen. Je weiter wir vorankamen, umso mehr staunte ich über die Kühnheit seiner Sprache, den erzählerischen Mix aus filmischer Poesie, Bildern des Südwestens, surrealen Träumen und seinem einzigartigen dunklen Humor. Hier und da deutete sich vage, aber unbestreitbar sein augenblicklicher Zustand an. Der Titel ging zurück auf ein Zitat von Bruno Schulz, und als die Frage nach dem Cover aufkam, hatten wir es sofort vor Augen: ein Foto der mexikanischen Fotografin Graciela Iturbide, das Sam in eine Ecke des Küchenfensters gestellt hatte. Eine Seri-Frau mit offenem, dunklem Haar und fließenden Röcken in der Sonoma-Wüste, die einen Gettoblaster trägt. Wir betrachteten es über unserem Kaffee und nickten beide zustimmend. Vor dem Fenster sahen wir Sams Pferde am Zaun näher kommen. Pferde, die er nicht mehr reiten konnte. Er verlor nie ein Wort darüber.

Am Morgen des Derby gaben wir unsere Wetten ab. Es würde ein schnelles Rennen werden, und wir hatten beide kein Gefühl für den Sieger. Sam empfahl mir, Gun Runner anzukreuzen, was mir einen Gewinn garantierte, wenn das Pferd den dritten Platz belegte, und ich folgte seinem Rat. Das Rennen sollte um 18:51 Uhr Eastern Daylight Time starten, es war das 142. Derby auf der Sandbahn von Churchill Downs in Louisville. Als wir vor dem Fernseher saßen, fiel mir ein, dass mein verstorbener Schwiegervater Dewey Smith an diesem Tag Geburtstag hatte. Als mein Mann noch lebte, saßen wir bei seinen Eltern vor dem Fernseher, um das Derby zu verfolgen, und ich fragte mich, auf welches Pferd Dewey wohl gesetzt hätte. Er war im Osten Kentuckys geboren, und sein Vater, ein Sheriff, patrouillierte in seinem Bezirk noch zu Pferd, mit einer eingekerbten Flinte an der Seite. Zu Deweys Erstaunen hatte ich drei Jahre hintereinander auf das Pferd gesetzt, das als zweites ins Ziel ging, aber heute machte mein Pferd Gun Runner den dritten Platz.

Nach dem Abendessen setzte ich mich draußen auf die Vordertreppe und betrachtete den Himmel. Der abnehmende Mond glich dem Tattoo zwischen Sams Daumen und Zeigefinger. Irgendein Zauber, flüsterte ich, und es war eher eine Bitte als eine Feststellung.

EIN PAAR TAGE, nachdem ich wieder zu Hause war, erhielt ich ein kleines Paket und eine kurze Nachricht von Sams Schwester. Eingewickelt in Zeitungspapier schickte Sam mir sein Taschenmesser zusammen mit meinem Gewinn. Ich legte das Messer neben die Kaffeetasse meines Vaters in eine Glasvitrine. In den folgenden Tagen war ich müde und unentschieden, ganz anders als sonst. Ich redete mir ein, dass ich an einem Tiefpunkt war, vielleicht gegen eine Erkältung ankämpfte, und entschied mich fürs Nichtstun.

Der dreißigste Mai war der Gedenktag für Jeanne d'Arc, seit jeher ein Tag gesteigerter Zuversicht. Mir ging es nach wie vor nicht gut, und mein Husten wurde stärker, trotzdem hatte ich den Eindruck, dass unter der Oberfläche etwas brodelte, dass gleich etwas passierte, die Geburt eines Gedichts vielleicht oder ein kleiner ausbrechender Vulkan. In der Nacht hatte ich einen Traum, der eher Geschenk war als Traum, heilsam und rein wie ein makelloser arktischer Fluss.

In meinem Traum waren Sam und ich allein in der Küche, und er erzählte mir von der Hitze im Herzen Australiens, vom rubinroten Leuchten des Ayers Rock und wie er sich damals – seinerzeit, wie er es formulierte –, noch bevor es dort Ferienhotels gab, ohne einen Führer auf eigene Faust im Jeep auf den Weg dorthin machte, um sich das Ganze anzusehen. Seine Erinnerungen spulten sich ab wie ein körniges Heimkino, und wir sahen, wie er aus dem Jeep stieg und den verbotenen Aufstieg begann. Er sammelte die Tränen der Aborigines. Sie waren schwarz, nicht rot, und er ließ sie in ein kleines, abgewetztes Ledersäckchen gleiten, ähnlich dem Gris-Gris-Beutel, der aus Tom Horns Tasche fiel, als man ihn weiß Gott wofür hängte.

Ich betrachtete Sam, der reglos in seinem Rollstuhl vor dem Küchentisch saß. Sein Kopf war ein massiver Diamant geworden, der sich langsam drehte und Strahlen aus verklebten Augen aussandte. In diesem Augenblick gab es noch Hoffnung, so schlimm die Lage auch war. Der Raum zog sich zusammen und dehnte sich aus wie eine Lunge oder der Blasebalg eines Dudelsacks. Ich befolgte rasch seine Anweisungen und nahm den Sauerstoff ab.

– Bist du bereit?, fragte er.

– Aber wie willst du denn atmen?

– Ich brauche das Ding nicht mehr, antwortete er.

Wir machten uns auf den Weg, bis Sam die von ihm gesuchte Stelle fand, dann setzten wir uns auf Holzkisten und warteten. Eine Frau kam und stellte einen niedrigen Holztisch vor uns hin. Eine zweite Frau brachte Schalen ohne Besteck, und eine dritte trug einen Kessel mit dampfender Suppe. Der Fötus eines schwarzen Kükens schwamm in einer Brühe mit achtzehn Heilkräutern, zusammen mit neun Eidottern, die einen Kranz um den winzigen Kopf bildeten. Ein Sonnensystem aus Eidottern, ein perfekter Bogen von Schulter zu winziger Schulter.

– Das ist ein uraltes Rezept, erklärte Sam, diese Brühe kommt von der Sonne. Trink sie aus, sie ist ein Geschenk. Man reichte mir eine Schöpfkelle, und die Frauen zogen sich zurück. Ich war bestürzt, dass ich das schwebende Bild zerstören sollte, das für mich bereits etwas von einem Heiligenbild hatte.

– Du musst es tun, sagte Sam, den Blick auf seine Hände gerichtet.

Ich war sicher, dass mir davon übel würde, aber Sam zwinkerte mir zu, also trank ich, und im Nu erschien ein Weg, bestehend aus Sternenstaub. Wir standen auf, aber ich wandte mich verwirrt ab. Und dann fing Sam an, mir die Geschichte von Man o' War zu erzählen, dem größten Rennpferd aller Zeiten. Er sagte, man könne ein Pferd genauso lieben wie einen Menschen.

– Ich träume von Pferden, flüsterte er. Schon mein ganzes Leben lang habe ich von ihnen geträumt.

Wir gingen weiter, und dann wurde mir, wie befürchtet, furchtbar übel. Drei Tage später schwitzte und übergab ich mich immer noch. Ich war erschöpft und dehydriert, und wir mussten an jedem erdenklichen Bach anhalten, damit ich trinken konnte. Am vierten Tag sah ich, dass Sam mit eigenen Händen Wasser schöpfte.

– Wie ist das möglich?, dachte ich.

– Die Brühe wirkt, sagte er, meine Gedanken lesend.

Aber er sprach nicht wirklich. Er stand am Rand einer gigantischen Schlucht, größer als der Grand Canyon, größer als der diamantene Krater in Sibirien, und kaute auf einem Strohhalm. Ich saß ganz still da. Er lauschte einem Pferd, das dahingaloppierte wie aus dem Atem eines tödlichen Traums. Und dann sah ich durch seine Fantasie das größte Rennpferd, das je gelebt hatte, auf der Stirn eine Blesse, der Rücken leuchtend rot wie ein glühendes Stück Kohle im Dunkeln.

Die Tasse meines Vaters

PAUSE

Nichts wird je endgültig gelöst. Lösungen sind eine Illusion. Es gibt Momente spontaner Klarheit, in denen der Verstand mündig erscheint, doch das sind bloße Epiphanien.

Diese Worte klangen in mir nach, als wäre mir dieses verflixte Schild den ganzen Weg nach New York gefolgt. Ich richtete mich erschrocken auf. Vermutlich war ich beim Arbeiten am Computer eingenickt, denn eine Reihe bedeutungsloser Vokale beendete einen offenen Satz.

– Wir brauchen Beweise. Nur Beweise gestatten dem Mathematiker wahre Unterscheidung.

– Ganz zu schweigen vom dichtenden Detektiv, erwiderte ich mürrisch.

Ich gehe ins Bad und halte inne, um den Toilettensitz abzuwischen, weil ich einen schwachen Pfotenabdruck entdecke. Beweise, sinniere ich beim Händewaschen. Euklid wusste um ihre Bedeutung. Gauss und Galileo ebenso. Beweise, sage ich laut und sehe mich um. Dann öffne ich entschieden das Fenster, ziehe das Bett ab und nagle das Laken an die Wand, studiere das

Weiß. In einer Schachtel mit alten Schreibgeräten finde ich einen schwarzen Zeichenstift, einen, wie Künstler im zwanzigsten Jahrhundert sie benutzten. Nachdem ich mehrere Minuten reglos dastehe, zeichne ich die bekannten Linien und Kurven der Stratosphäre auf die Oberfläche des Lakens.

In den folgenden Tagen vermehren sich die Zeichen auf dem Laken. Griechische Buchstaben, algebraische Ausdrücke, Möbiusschleifen, die ihre Gestalt ändern, und eine verrostete Spiralfeder zieren das Laken mit Spuren einer nicht entzifferbaren Gleichung.

– Nichts ist gelöst, schimpft das Schild.

– Nichts gelöst, rufen Justitia und ihre Waagschalen.

Ich folge ihren Stimmen in eine Bibliothek, einen riesigen Saal voll mit wuchtigen Büchern, die schiefe Bilder und mit Bleistift geschriebene Bildunterschriften enthalten – wie in einem Sammelalbum. Das Schiff nähert sich dem Hafen von Brundisium, wo Vergil sein Leben aushaucht. Geisterschiffe, erstarrt im arktischen Eismeer, behangen mit Schleiern aus Eis, das glitzert wie afrikanische Diamanten. Treibende Knochen prähistorischer Riesen, die einst stolze Eisberge waren. Gekenterte Migrantenschiffe, die blauen Gesichter von Kindern, einstürzende Bienenstöcke und eine tote Giraffe.

Nichts ist gelöst, flüstert eine Staubflocke, als ich das schwere Buch in das ebenfalls staubige Regal zurückstelle. Nicht ein verdammtes Problem, weder kosmisch noch komisch. Ich spüre, wie das Schild mich verfolgt. Als Vergeltung verfolge ich es zurück und stelle mit Bedauern fest, dass es leicht entnervt ist, gar nicht es selbst.

– Nichts ist gelöst, wiederholt das Schild.

– Nichts gelöst, wiederholt die Natur.

Ich suche Trost in den Wolken, die rasch ihre Form verändern – erst Fisch, dann Kolibri, dann schnorchelnder Junge, Bilder vergangener Nachmittage.

Was mich verfolgt, ist die beispiellose Hitze, das sterbende Riff und das schmelzende Schelfeis. Sandy, der bewusstlos gegen den Ansturm bakterieller Infektionen kämpft, während er seine eigenen apokalyptischen Szenen aus den Tiefen des Heart o' the City Hotel zeichnet. Ich höre ihn denken, höre die Wände atmen. Vielleicht ist eine Pause nötig, eine kurze Unterbrechung, und man muss sich aus einem Szenario zurückziehen, um etwas anderem Raum zu geben. Etwas Belanglosem, Leichtem und vollkommen Unerwartetem.

Als ich vor einiger Zeit in der Scala während einer Pause von *Tristan und Isolde* eine Toilette suchte, trat ich versehentlich in eine unverschlossene Kammer, wo Kostüme von Maria Callas für eine Ausstellung hingen. Dort, vor meinen Augen, war der unverwechselbare schwarze Kaftan, den sie als Medea in Pier Paolo Pasolinis gleichnamigem Film trug. Außerdem hing da ihr Gewand samt Perücke und Schleier, mehrere schwere Bernsteinketten und das üppig bestickte Messkleid, das sie tragen musste, als sie bei so großer Hitze durch die

Wüste raste, dass Pasolini angeblich in Badehose Regie führte. Doch seine Medea, obwohl von der ausdrucksstärksten Sopranistin der Welt gespielt, sang in dem Film nicht, was Sandy und ich ausgesprochen respektlos fanden und ihrem großartigen Auftritt eine zuwiderlaufende Spannung verlieh. Ich hob den Bernstein und strich über das Kleid, das sie auch in die schwarze Hexe von Kolchis verwandelt hatte. Es läutete, und ich eilte zu meinem Platz zurück, wo meine Begleiter nichts Ungewöhnliches bemerkten. Sie hatten keine Ahnung, dass ich im Zeitraum einer Pause die kostbaren Gewänder der Medea berührt hatte, deren Fäden den Schweiß der großen Callas und den unsichtbaren Handabdruck Pasolinis enthielten.

Nichts ist gelöst, aber ich bin ohnehin auf dem Sprung, sage ich und packe meinen kleinen Koffer. Der gleiche Ablauf: sechs Electric-Lady-T-Shirts, sechsmal Unterwäsche, sechs Paar Bienensocken, zwei Notizbücher, Hustensaft, meine Kamera, die letzten Packungen unlängst abgelaufener Polaroid-Filme und ein Buch, *Collected Poems* von Allen Ginsberg, eine Verbeugung vor seinem bevorstehenden Geburtstag. Seine Gedichte werden mich auf einer kurzen Lesereise begleiten, die mich nach Warschau, Luzern und Zürich führt, wo ich tagsüber Zeit habe, um in kleinen Seitenstraßen zu verschwinden, manche vertraut, andere fremd, die mir unerwartete Entdeckungen bescheren. Zielloses, träges Umherwandern, eine kurze Erholung vom lauten Getöse, vom Geschrei der Welt. Die Straßen, durch die Robert Walser spazierte. Das Grab von James Joyce oben auf einem Hügel. Der graue Filzanzug von Joseph Beuys, der unbewacht in einer leeren Galerie in Oslo hängt.

AUF MEINEN REISEN blende ich die Nachrichten aus und lese wieder Allens Gedichte, eine umfangreiche Wasserstoff-Jukebox, die sämtliche Nuancen seiner Stimme enthält. Er hätte sich nicht von der aktuellen politischen Atmosphäre gelöst, sondern sich mitten hineingestürzt und unter vollem Einsatz seiner Stimme alle ermahnt, wachsam zu sein, mobilzumachen, zu wählen und sich, falls nötig, unter Berufung auf zivilen Ungehorsam in eine grüne Minna zerren zu lassen.

Wenn ich Grenze um Grenze überquere, nimmt das Gefühl des ständigen Unterwegsseins etwas Jenseitiges an. Kinder kommen mir animiert vor, Papierpuppen in kleinen Jacken, die ihre eigenen Koffer hinter sich herziehen, geschmückt mit den Aufklebern ihrer Reisen. Obwohl ich mich danach sehne, ihnen zu folgen, setze ich meine vorbestimmte Reise nach Lissabon fort, Stadt der kopfsteingepflasterten Nächte.

Dort treffe ich mich mit den Archivaren der Casa Fernando Pessoa, wo ich eingeladen bin, die persönliche Bibliothek des verehrten Dichters zu besuchen. Man gibt mir weiße Handschuhe, damit ich einige seiner Lieblingsbücher begutachten kann. Kriminalliteratur, gesam-

melte Gedichte von William Blake und Walt Whitman und seine kostbaren Ausgaben von Baudelaires *Blumen des Bösen,* Rimbauds *Illuminationen* und die Märchen von Oscar Wilde. Die Bücher dieser Autoren öffnen ein intimeres Fenster zu Pessoa als die von ihm selbst verfassten, denn er schuf viele Figuren, die unter ihren gegebenen Namen schrieben, während Pessoa die Bücher anderer geliebter Autoren selbst erwarb. Diese kleine Erkenntnis faszinierte mich. Der Schriftsteller entwickelt unabhängige Charaktere, die ihr eigenes Leben führen und unter ihrem eigenen Namen schreiben, nicht weniger als zweiundsiebzig, jeder mit einem anderen Hut und Mantel. Wie sollen wir also den wahren Pessoa kennen? Die Antwort liegt vor uns, in den Büchern seiner eigenartigen, perfekt erhaltenen Bibliothek.

Die Tonaufnahme des Gedichts *Gruß an Walt Whitman* für das Hörarchiv, geschrieben von einer seiner Schöpfungen – Álvaro de Campos –, hebt meine Stimmung. Am Abend zuvor hatte ich zufällig Allen Ginsbergs Gedicht für Whitman gelesen, und die Bibliothekare, die Pessoas Bücher hüten, hören begeistert von dieser Verbindung. Die Zeit vergeht wie im Flug, und ich vergesse zu fragen, ob sie auch einen von Pessoas Hüten mit weiter Krempe besitzen, die vermutlich in den originalen Hutschachteln liegen, vielleicht in einem verborgenen Schrank zusammen mit einer Reihe von Mänteln, die er bei seinen heimlichen Nachtspaziergängen trug. Auf dem Rückweg in mein Hotel komme

PHOTO

ich an seinem in Bronze gegossenen Abbild vorbei, das irgendwie sehr lebendig erscheint.

In der Stadt Pessoas verweile ich etwas länger, auch wenn ich nicht sagen könnte, was genau ich eigentlich mache. Lissabon ist eine Stadt, in der man sich angenehm verlieren kann. Die Vormittage in Cafés vor einem weiteren Notizbuch, jede Seite eine willkommene Flucht, auf der mir mein Stift zuverlässig dient. Ich schlafe gut, träume wenig, lebe einfach in einem ununterbrochenen Zwischenspiel. Bei einem Spaziergang in der Dämmerung schwebt eine Melodie durch die alte Stadt und weckt Erinnerungen an die tiefe, sonore Stimme meines Vaters. Ja, *Lisbon Antigua,* eines seiner Lieblingslieder. Als Kind fragte ich ihn oft, was der Titel bedeute. Er antwortete lächelnd, das sei ein Geheimnis.

Brüder und Schwestern, die Abendglocken läuten. Laternen erleuchten die klar gemusterten Straßen. In einer Edward-Hopper-gleichen Stille folge ich dem Weg, den Pessoa früher zu allen Tages- und Nachtzeiten ging. Ein Schriftsteller mit multiplen Seelen, unendlich vielen Sichtweisen und Tagebüchern, beschrieben mit vielen Namen. Während ich über die gefliesten Fußwege schreite und efeubehangene Mauern berühre, komme ich an einem Fenster vorbei und bemerke einen Gentleman, der leicht gebeugt an einer Bar steht und in ein Notizbuch schreibt. Er trägt einen braunen Mantel und einen Filzhut. Ich beobachte ihn durch die Scheibe, sein Gesicht kommt mir vertraut und fremd zugleich vor.

Café A Brasileira, Lissabon

– Er ist einer wie du und ich.

Das Schild ist wieder zurück, mein hellsichtiger Angstgegner, obwohl ich mich in meiner erzwungenen Einsamkeit darüber freue.

– Glaubst du wirklich?, frage ich.

– Ich bin mir absolut sicher, antwortet es einigermaßen freundlich.

– Du hattest übrigens recht, flüstere ich, ich reise tatsächlich nach Uluru.

– Deine Schuhsohlen sind jetzt schon rot.

Ich fragte das Schild nicht, wie es meinem Mann an dem Ort ging, der ihm irgendwo im Universum vorbehalten war. Ich fragte nicht nach Sandys Schicksal. Und auch nicht nach Sams. Solche Dinge sind genauso verboten wie Bittgebete an Engel. Ich weiß sehr wohl, dass man nicht um ein Leben oder gar zwei bitten darf. Man darf nur hoffen, dass das Herz bei beiden erstarkt.

Die Kopfsteinstraßen führen mich zurück zu meinem vorübergehenden Zuhause. Mein Zimmer ist eingerichtet in einer charmanten Mischung aus Schlichtheit und ungewöhnlichen Details: ein geschnitztes Holzbett mit Leinenbettwäsche, ein kleiner Schreibtisch, auf dem ein Papierbeschwerer mit Gittermuster und ein Brieföffner aus Elfenbein liegen. Der sparsame Vorrat an Briefpapier, ausreichend höchstens für ein einziges Schreiben, ist aus fein geglättetem Pergament. Der schimmernde Mosaikfußboden im Bad besteht aus winzigen blauen und weißen Fliesen und erinnert an ein römisches Bad.

Ich sitze am Schreibtisch und hole meine alte Polaroid-Land-Kamera aus der Tasche, um den Balgen zu inspizieren. Allens Gedichtband ist aufgeschlagen bei *Ein Supermarkt in Kalifornien.* In meiner Fantasie sitzt er im Schneidersitz auf dem Fußboden neben seinem Plattenspieler und singt zusammen mit Ma Rainey. Er erklärt Milton und Blake und den Text von *Eleanor Rigby.* Streichelt meinem kleinen Sohn, der unter Kopfschmerzen leidet, die Stirn. Allen, der singt, tanzt und heult. Allen in seinem Todesschlaf, über ihm hängt ein Porträt von Walt Whitman, neben ihm kniet sein Lebensgefährte Peter Orlofsky und bestreut ihn mit weißen Blütenblättern.

Ich bin müde, aber zufrieden und überzeugt, dass ich das Geheimnis der Stadt ein wenig ergründet habe. In der Nachttischschublade liegt ein Stadtplan im Taschenformat, ein kleiner Führer über die Stadt Sabrosa, dem Geburtsort von Magellan. Ich erinnere mich vage, am Küchentisch ein Schiff gemalt zu haben, das die Welt umsegelt. Mein Vater kocht Kaffee und pfeift *Lisbon Antigua.* Ich kann beinahe hören, wie sich die Noten mit dem Gluckern der Maschine mischen. Sabrosa, flüstere ich. Jemand befestigt meinen Sicherheitsgurt. Das Holzbett in der Ecke des Zimmers scheint weit entfernt, und alles ist nur eine Pause mit unbedeutenden, harmlosen Folgen.

HOME IS THE SAILOR

Das Laken, das ich an der Wand befestigt hatte, hing noch da und erinnerte an ein schlaffes Segel. Ich hatte es völlig vergessen. Die Gemütsverfassung, in der die komplizierten Zeichnungen entstanden waren, hatte sich verändert. Schwere Regenfälle hatten außerdem ein Leck im Dachfenster verursacht, und das Laken war jetzt mit rostroten Flecken gesprenkelt, die eine eigene Sprache zu enthalten schienen, die immer wieder durch meinen sporadischen Schlaf geisterte.

Kein Mond, nur schwarzer Himmel. Reiß dich zusammen, es ist erst vier Uhr morgens, sage ich mir auf dem Weg ins Bad, das seltsam geräumig ist, als wären zwei kleine Zimmer ausgeräumt worden, um unnötig Verwirrung zu stiften. Ein altes Bauernwaschbecken, eine kleine geflieste Dusche, eine altertümliche Badewanne mit Klauenfüßen, die von Bettwäsche überquillt, und genügend Platz, um an heißen Sommerabenden eine Matte hinzulegen und sich darauf auszustrecken. An der Wand lehnt ein leicht fleckiger Spiegel mit einer verblichenen Ansichtskarte der *Victoria,* dem zweitkleinsten Schiff in Magellans Flotte, bemannt vom Erforscher höchstpersönlich.

Da kein Schlaf in Sicht ist, rolle ich die Matte aus und bediene mich eines alten Spiels, das ursprünglich dazu bestimmt war, mich einzuschläfern. In meiner Fantasie bin ich ein Matrose zur Zeit der großen Walfangflotten auf einer längeren Reise. Wir befinden uns im Zentrum eines heftigen Sturms, und der unerfahrene Sohn des Kapitäns bleibt mit dem Fuß in einem Tau hängen und wird über Bord gezogen. Ein Matrose springt unerschrocken hinter ihm her in die sturmgepeitschte See. Die Männer werfen ein langes Tau ins Wasser, und der Junge wird in den Armen des Matrosen an Deck gezogen und nach unten gebracht.

Der Matrose wird zum Achterdeck gerufen und in die Kapitänskajüte geführt. Nass und zitternd betrachtet er staunend seine Umgebung. Der Kapitän umarmt ihn in einem seltenen Anflug von Gefühlsüberschwang. Du hast meinem Sohn das Leben gerettet, sagt er. Sag mir, was ich für dich tun kann. Der Matrose bittet verlegen um ein Glas Rum für die Männer der Besatzung. Abgemacht, sagt der Kapitän, aber was möchtest du? Nach einigem Zögern antwortet der Matrose: Seit meiner Jugend habe ich auf dem Boden in Bordküchen, auf Pritschen und in Hängematten geschlafen, es ist lange her, seit ich in einem richtigen Bett geschlafen habe.

Staunend betrachtet er seine Umgebung

Der Kapitän, gerührt von der Bescheidenheit des Matrosen, bietet ihm sein eigenes Bett an und geht in der Kajüte seines Sohnes schlafen. Der Matrose steht vor dem leeren Kapitänsbett. Es hat ein Daunenkopfkissen und eine leichte Decke. Am Fußende steht ein wuchtiger Lederkoffer.

Der Matrose bekreuzigt sich, bläst die Kerzen aus und versinkt in einen angenehmen, rundum wohligen Schlaf.

Mit diesem Spiel vertreibe ich mir manchmal die Zeit, wenn ich nicht schlafen kann, es hat sich aus meiner Lektüre von Melville entwickelt und lockt mich von der Matte auf dem Badezimmerboden in mein Bett, das dankbaren Schlaf ermöglicht. Doch in dieser ausgesprochen feuchtschwülen Nacht funktioniert es nicht. Der bösartige Affe, der mit dem Klima spielt, mit der kommenden Wahl und mit dem Verstand, bringt nur schlechten oder gar keinen Schlaf. Regen prasselt plötzlich auf mein Dachfenster und untermalt meine wirren Grübeleien. Die roten Flecken auf dem Laken zerfallen und formieren sich neu zu einem nicht entzifferbaren sumerischen Text. Im Schrank steht ein Eimer, den ich unter das Leck stelle und hoffe, das unregelmäßige Tropfen möge einen eigenen bukolischen Rhythmus finden.

Ich schalte meinen kleinen Fernseher ein und meide die Nachrichten. Auf dem Bildschirm flüstert eine blonde Aurore Clément etwas auf Französisch, während sie den Kopf einer Opiumpfeife stopft.

– Ihr seid zwei, sagt sie und nähert sich Martin Sheen, einer ist ein Mörder und einer nicht.

– Ihr seid zwei, wiederholt sie und verschwindet aus dem Bild. Einer wandelt in der Welt, einer wandelt im Traum.

Sie steht auf, lässt ihren Morgenrock fallen und löst langsam die Moskitonetzbahnen, die ihr Bett umspannen. Er zieht an der Pfeife und beobachtet, wie sie sich hinter dem Netzstoff bewegt. Langsam löst sie die Schleife jeder Stoffbahn, während er durch den Nebel eines gefilmten Kriegs nach ihr greift.

Irgendwann merke ich, wie der Schlaf mich übermannt, und ich verabschiede mich von dem Matrosen und Hauptmann Willard und dem französischen Mädchen mit der Opiumpfeife. Ich höre meine Mutter ein Gedicht von Robert Louis Stevenson rezitieren. *Zurück ist der Matrose, zurück von der See. Und der Jäger zurück aus den Bergen.* Ich sehe ihre Hand, die mit einer Rolle das Schlafzimmer streicht oder eine neue Tapete glättet. *Apocalypse Now Redux,* der Abspann läuft. Das Netz um mich schließt sich, das Gummiband ist durchgeschnitten, und zusammen mit dem Blut fließt ein unfertiger Gedanke in die Phiole.

IMITATION EINES TRAUMS

Sandy, öffne deine Augen. Diese Worte zeichnete ich mit der linken Hand auf das Fenster, immer wieder, als könnten sie einen Zauber bewirken. Einen glühenden Zauber à la Artaud, einer, der tatsächlich wirkt. Doch keine mystische Anstrengung konnte die Weisung des Sensenmannes neu ausrichten. 26. Juli. Das Präludium war zu Ende, Parsifal kniete vor dem tödlich verwundeten Schwan, und Sandy Pearlman verließ die Erde.

Am selben Tag meldeten die Nachrichten Lauffeuer in Südkalifornien, der dichte Rauch zog bis nach Nevada. Auf dem Parteitag der Demokraten loderten ebenfalls Flammen, geschürt von einer Mischung aus Hoffnung und Verzweiflung. *Solar Impulse 2,* das mit Solarenergie betriebene Flugzeug, startete die letzte Etappe seiner Weltumrundung. Die Götter, die Sandy gefeiert hatte, vergruben ihre Marmorköpfe in sandfarbenen Tüchern. Er würde niemals die Matrix mit seinem geliebten Keanu Reeves betreten oder in der verrückten Welt von Donnie Darko kreisen oder *Angel of the Morning* hören oder Schokoladentorte essen. Sandy, mit dem denkenden Herzen, der durch einen fortlau-

CALLAS
MEDEA
Orchestra del Teatro alla Scala
Tullio Serafin

Für Sandy

fenden Traum eine umfangreiche Neuinterpretation der Geschichte verfasst hatte, suchte jetzt als Kapitän auf seinem eigenen verzauberten Schiff das Königreich der Imaginos.

Die Sommertage zogen sich dahin. Auf jedem Feld blühten Sonnenblumen. In meiner Einsamkeit stellte ich mir heulende Wölfe vor. Ich folgte ihnen, schleppte mich durch die eisige Umgebung, kam an einem Pfefferkuchenhaus vorbei, an einem ganzen Dorf, gefangen auf einem Eisschild, so groß wie die kleinste der dreizehn Kolonien. Eine hilflos dahintreibende Kolonie. Ich blickte in die Sonne und sah deutlich jeden Strahl, wie von Kinderhand gezeichnet.

Am fünften August, seinem Geburtstag, dem Geburtstag meines Sohnes, öffnete ich meinen Schreibtisch und fand das letzte Päckchen, das Sandy mir geschickt hatte, ein Päckchen, das während meiner Reisen angekommen und ungeöffnet verstaut worden war. Er überraschte mich oft ohne besonderen Grund, schenkte mir Aztekenschokolade, Dosen mit Blaurückenlachs aus Seattle, Soltis Gesamteinspielung der vier Opern vom *Ring des Nibelungen.* Ich packte das Päckchen mit ein paar anderen Sachen ein, besorgte mir Kastanienpasta und Frühlingszwiebeln und machte mich auf den langen Weg zu meinem kleinen Haus in Rockaway Beach. Ich hatte einige Mühe, das Schloss an der Pforte zu öffnen, die einzelnen Zahlen hatten sich durch getrocknetes Salz festgefressen. Der Garten war ein Schlachtfeld aus wucherndem Spitzwegerich und zertrampeltem Bischofskraut.

Drinnen riss ich die Fenster auf. Ich war mehrere Wochen nicht in Rockaway gewesen, das Haus musste dringend ein bisschen auslüften. Ich schüttelte den Sand aus meiner chinesischen Teppichbrücke, saugte Staub und wischte den rot gefliesten Fußboden mit Oolong-Tee. Ich hätte gern einen Kaffee getrunken, aber durch die Feuchtigkeit war der letzte Rest in meinem Glas Nescafé kristallisiert.

Als ich das kleine Paket öffnete, stellte ich mir vor, wie Sandy es hastig beschriftet und mit übertrieben viel Tesaband zugeklebt hatte. Es enthielt die CD *Grayfolded,* ein experimentelles Album der Grateful Dead, schwer erhältlich und heiß begehrt. Er hatte versprochen, es für mich aufzutreiben, und Wort gehalten. Happy birthday, Sandy, sagte ich laut, danke für das Geschenk. Äußerst gelassen und geradezu heiter spülte ich das Geschirr, kochte mir Spaghetti, setzte mich mit dem Teller im Schoß auf die Veranda und betrachtete meinen Garten, wo zählebige Gilbgräser die Kräuter und Wildblumen überrannt hatten wie Siedler das Land der Indianer.

Lange Zeit saß ich reglos da, nahm weder einen Stift zur Hand oder hackte Unkraut. Ich fühlte mich plötzlich tot – nicht wirklich tot, eher außerweltlich, eine dankbare Art von tot. Um mich herum spürte ich quirliges Leben, ein Flugzeug am Himmel, ein Stück weiter das Meer, und durch das Netz meiner Fliegengittertür drangen die Klänge von *Dark Star.* Ich konnte mich zu nichts aufraffen und ließ mich in eine Zeit treiben, lange bevor ich Sandy kannte, lange bevor ich Wagner hörte, zu einem anderen Sommer im Electric Circus, wo ein junges, heimlich verliebtes Mädchen langsam mit einem ebenso jungen Mann tanzte.

SCHWARZE SCHMETTERLINGE

Die letzten Augusttage bei Sam in Kentucky. Wir hatten fast den ganzen Nachmittag gearbeitet. Als die Dämmerung anbrach, ging ich nach draußen, um eine Pause einzulegen, und fühlte mich von eigenartigen Bewegungen auf der Steinmauer angezogen, die den Garten umgab. Auf der Mauer wimmelte es von schwarzen Schmetterlingen, Hunderte, einer über dem anderen, ein aufgeregt flatterndes Durcheinander im Halbdunkel. Ich hörte ein schwaches Pfeifgeräusch, vielleicht ihr Todesgesang, die dunklen Flügel ihre Trauermäntel. Ich musste an ein Foto denken, das ich von meinen erwachsenen Kindern bei der Beerdigung ihres Großvaters Dewey aufgenommen hatte. Mein Sohn mit einem schwarzen Stetson, meine Tochter in einem schwarzen Kleid.

Sam blickt auf und grinst, als ich ins Haus zurückkomme, wo wir uns augenblicklich wieder der Arbeit widmen. Die erste Überarbeitung eines neuen Manuskripts. Um sich das mühsame Schreiben mit der Hand zu ersparen, diktiert er mehrere Änderungen und neue Absätze. Vor einiger Zeit hatte er mir gesagt, man müsse in absoluter Einsamkeit schreiben, aber er musste notgedrungen sein Vorgehen ändern. Sam passt sich an, und die Aussicht, sich auf etwas Neues zu fokussieren, scheint ihm Kraft zu geben.

Seine Schwester Roxanne kocht mir Tee. Du hustest, sagt sie. Sam lächelt. Diesen verdammten Husten hat sie seit fünfundvierzig Jahren. Sam sitzt stoisch in seinem Rollstuhl, seine Hände liegen auf dem Tisch. In der Ecke steht seine alte Gibson, eine Gitarre, die er nicht mehr spielen kann. Sein jetziger Zustand trifft ihn hart, kein Tippen auf Schreibmaschinentasten, kein Vieh mit dem Lasso einfangen, keine Mühen mehr mit den Cowboystiefeln. Doch über solche Dinge spreche ich ebenso wenig wie Sam. Er füllt die Schweigepausen mit dem geschriebenen Wort und strebt dabei eine Perfektion an, die nur er vorgeben kann.

Wir fahren fort, ich lese und überarbeite, Sam schreibt laut in Echtzeit. Die heiklere Aufgabe ist, das Alleinsein zu retten. Das zum Schreiben nötige Alleinsein, das absolut erforderlich ist, diese Stunden zu nutzen, als würde man durch den Raum geschleudert wie der Astronaut in *2001,* der nie stirbt und im Reich des Films immer weiter reist ins Unendliche, wo der schrumpfende Mann aus der *Unglaublichen Geschichte des Mr. C.* als ewiger Herrscher in diesem Universum immer weiter schrumpft.

– Wir sind Figuren in einem Beckett-Stück geworden, sagt Sam gutmütig.

Die Schuhe des Autors

In meiner Fantasie sitzen wir beide am Küchentisch fest, jeder in einem Fass mit einem Blechdeckel, und wenn wir aufwachen, strecken wir unsere Köpfe heraus, sitzen vor Kaffee und Toast mit Erdnussbutter und warten, bis die Sonne aufgeht, schmieden Pläne, als wären wir allein, nicht zusammen allein, sondern jeder für sich, ohne die Aura des Alleinseins des anderen zu stören.

– Genau, ein Stück von Beckett, wiederholt Sam.

Bei Einbruch der Dunkelheit bereitet seine Schwester alles Notwendige für die Nacht vor. Ich mache es mir auf meinem provisorischen Bett bequem und lege mich so hin, dass ich ihn sehen kann.

– Alles in Ordnung?, fragt Sam.

– Ja, danke, antworte ich.

– Gute Nacht, Patti Lee.

– Gute Nacht, Sam.

Ich liege da und lausche seinen Atemzügen. Vor den Fenstern sind keine Vorhänge, ich sehe die Silhouetten der Bäume. Das Mondlicht erhellt die zarten Spinnweben in den Zimmerecken, den Rand von seinem Bett, den niedrigen, mit Büchern beladenen Wohnzimmertisch, der zwischen uns steht, und meine Füße, die unter der Decke hervorragen. Das Porträt der Nacht, das ich durchs Fenster sehe, zieht mich an. Da ich nicht schlafen kann, stehe ich auf und gehe nach draußen, um Luft zu schnappen, betrachte die Sterne und lausche dem Lärm der Grillen und Ochsenfrösche. Im Licht der

Taschenlampe in meinem Handy gehe ich in den Garten. Die schwarzen Schmetterlinge sind noch da und verharren reglos auf einem Teil der Gartenmauer, aber ich kann nicht mit Bestimmtheit sagen, ob sie tot sind oder nur schlafen.

AMULETTE

Ich saß inmitten meiner eigenen Unordnung. Die an der Wand gestapelten Schachteln enthielten Polaroidfotos aus zwei Jahrzehnten. In Erinnerung an mein Versprechen machte ich mich an die Aufgabe, die unglaubliche Menge zu durchforsten. Die meisten Aufnahmen zeigten Statuen und Altäre und nicht mehr existierende Hotels. Ich verbrachte Stunden, ohne das Foto zu finden, das ich Ernest versprochen hatte – die Spiele von Roberto Bolaño. Ich war leicht enttäuscht, hatte allerdings auch nicht die leiseste Ahnung, an welche Adresse ich es andernfalls hätte schicken sollen. *Going in circles. Going in circles.* Eine Textzeile aus einem Song, ich erinnerte mich nicht mehr, aus welchem. *Going in circles,* umgeben von Bildern von Städten und Straßen und Bergen, die ich nicht mehr benennen konnte, wie kleine Beweise eines alten ungeklärten Falls.

Einige Fotos, die ich im ungefähren Zeitraum des vergangenen Jahres aufgenommen hatte, legte ich beiseite. Die Rückseite des On the Bridge, behängt mit Plakaten von *Wolf Girl.* Das Café, dessen Buchstaben im krassen Missverhältnis zum Inneren standen. Ein ungemach-

tes Bett, ein schlechter Blickwinkel auf Ernests Truck. Ein Pelikan, der auf dem WOW-Café-Schild hockte. Ein Actionfoto von einem Bettelarmband, das gerade vom Armaturenbrett eines Lexus glitt; die vielen Anhänger an Cammys Armband. Jeder erzählt eine Geschichte, hatte sie gesagt.

Cammy, Ernest, Jesús und die Blondine, alles Figuren in einer Parallelwelt, Schwarz-Weiß-Ausschnitte aus einem bunten Leben. Selbst das Schild und die Wachmänner am Strand. Eine Welt, die für sich gesehen nichts bedeutete, aber auf jede unaussprechliche Frage im irrsinnigen Stück des frühen Winters eine Antwort zu enthalten schien.

Beim Zurücklegen der Polaroids in eine Schachtel

entdeckte ich eine Aktenmappe mit mehreren Pergamentumschlägen. Sie enthielten verschiedene Aufnahmen vom Guggenheim in Bilbao und der Lobby des Strandhotels in Blanes, eingerichtet im Fünfzigerjahrestil. Bilder, offenbar beiseitegelegt, weil sie mir gefallen hatten. Die Schuhe des Schriftstellers. Das Grab Vergils. Zwei Linden im Nebel. Jedes ein Talisman an einer endlosen Kette von Reisen. Und hinter einem Bild von einem kleinen Mädchen mit dunklen Locken war das Foto von Bolaños Spielen. Nichts Besonderes, nur der Inhalt eines Schranks, aber genau das, wonach ich gesucht hatte.

Einigermaßen zufrieden saß ich auf dem Fußboden, denn meine Suche war nicht umsonst gewesen. Ich betrachtete das Foto des lächelnden kleinen Mädchens, der Tochter Roberto Bolaños. Sie hatte nicht mit seinen Spielen gespielt, weil sie ihre eigenen Spiele hatte. In meiner Fantasie sah ich mehrere solcher Mädchen, die sich im Kreis drehten und in verschiedenen, aber irgendwie gleich klingenden Sprachen sangen. Auf einmal war ich müde. Ich blieb sitzen, lehnte mich ans Bett und versuchte, mein ziemlich verknotetes Haar zu entwirren, was mich kurz an das Auseinanderfriemeln zweier Goldketten erinnerte. Zwei goldene Kreise und Gesichter, baumelnde Anhänger, manche ganz nah, andere verschwommen.

AUF DER SUCHE NACH IMAGINOS

Imaginos näherte sich der Sonne und sang Lieder, die niemand kannte, und Geschichten mit offenem Ende

– Sandy Pearlman –

Ich ging die Atlantic Avenue entlang, wo ich früher Henna und Reggaeplatten gekauft hatte, an die man sonst nirgendwo kam. Vor einem verlassenen Theater blieb ich stehen, um einige überquellende Koffer mit ausgemusterten Kostümen durchzusehen, paillettenbesetzte Gewänder und Röcke, die in der Sonne des Indian Summer glitzerten. Ich entdeckte ein brüchiges Seidenkleid, weit geschnitten und federleicht, wie gesponnen von einem Trupp militanter Spinnen. Ich legte meine Jacke auf einen Koffer und zog das Kleid über T-Shirt und Hose an, dann wühlte ich weiter und fand einen Mantel, ebenfalls leicht und etwas ausgefranst. Ganz meine Art von Mantel, ohne jegliche Nähte, an Saum und Ärmeln gespickt mit kleinen Löchern. In der rechten Tasche hatte sich ein Gummiband in ei-

Das Einhorn in Gefangenschaft, Cloisters

nem Faden verheddert. Ich band mir die Haare zum Pferdeschwanz, ging die Metallrampe hoch und setzte mich im Jefferson Airplane auf meinen Platz. Das Flugzeug, nicht die Band, doch als ich nach draußen sah, stellte ich fest, dass ich in einem Van und nicht in einem Flugzeug saß, was mich gründlich verwirrte. Der Fahrer schaltete das Radio ein, ein Baseballspiel, unterbrochen von Funkrufen in einer fremden Sprache, die melodisch klang, vielleicht Albanisch. Er fuhr nicht die Route, die ich angegeben hatte, und ignorierte meine Fragen. Er brummte ständig, kratzte sich an seinen dicken Armen, und ich sah, wie Hautschuppen auf die schwarze Armlehne aus Kunstleder fielen. Dann saßen wir auf einer Brücke fest, nur war es keine gewöhnliche Brücke, und sie schwankte leicht. Ich war mehr als versucht, auszusteigen und zu Fuß weiterzugehen.

Und so ging es weiter. Egal, welchen Weg ich ging oder in welchem Flugzeug ich saß, es war immer noch das Jahr des Affen. Ich bewegte mich nach wie vor in einer Atmosphäre künstlicher Helligkeit mit scharfen Rändern, in der Hyperrealität eines schmutzigen, polarisierenden Wahlkampfs, einer Schlammlawine, die noch den letzten Außenposten erreichte. Immer wieder wischte ich mir die Scheiße von den Schuhen und kam weiterhin tapfer meiner Pflicht nach, die darin bestand, so gut es ging am Leben zu bleiben. Obwohl eine tückische Schlaflosigkeit meine Nächte beherrschte, brach im Morgengrauen das Elend der Welt über mich herein.

Irgendwann versuchte ich bei laufendem Fernseher einzuschlafen, einem kleinen Apparat, der rechts neben meinem Bett stand. Um die Nachrichten zu vermeiden, wählte ich einen On-Demand-Kanal und sah mir bei leisem Ton irgendwelche Episoden von *Mr. Robot* an. Ich fand den monotonen Off-Kommentar des Hackers Elliot im Kapuzenshirt ziemlich beruhigend und lag dösend da, was fast wie Schlafen war.

ANFANG OKTOBER flog ich mit Lenny zu Sandys Gedenkfeier nach San Francisco. Ich spürte einen Hauch von irrationaler Bitterkeit. Die Feier, fand ich, hätte in Ashland stattfinden sollen, mit einer ebenerdigen Aufführung des gesamten *Ring*-Zyklus, ohne Kulissen, auf einer Drehbühne, wo die Trauernden im Stundentakt die Plätze wechselten und den *Ring* aus jedem Blickwinkel erlebten. Sandys unerwarteter Tod hinterließ eine Lücke, und seine Verehrung für Wagner, Arthur Lee, Jim Morrison, Benjamin Britten, *Coriolan, Die Matrix* und seine revolutionäre Sichtweise einer Medea sollte die Theaterwelt verstören und ihr einen neuen Rahmen geben. Er hatte keine unmittelbare Familie, und so sprachen, einer nach dem anderen, seine Freunde liebevoll, bisweilen sogar humorvoll von seiner Jugend in Stony Brook, seiner Leistung auf dem Gebiet der Musiktechnologie, seinen Songs und seiner visionären Produktion der Band Blue Öyster Cult. Er war ein geschätzter Dozent an der McGill University, spezialisiert auf die seltsame Mischung aus klassischer Komposition und Heavy Metal.

Roni Hoffman und ihr Mann Robert Duncan, Sandys langjährige Schutzengel, hatten sich selbstlos um seine komplizierte und letztlich fehlgeschlagene Genesung gekümmert; beide sprachen bewegend über die Jahrzehnte währende Freundschaft. Die glühenden Fäden ihrer Erinnerungen verwoben sich mit meinen eigenen, und ich dachte an eine lange zurückliegende Fahrt mit Sandy zum Cloisters. Damals fuhr er noch seinen Sportwagen und wollte mir *Die Jagd des Einhorns* zeigen, eine Serie von sieben flämischen Wandteppichen, geschaffen im sechzehnten Jahrhundert von unbekannten Händen im Auftrag eines unbekannten Königs. Die schweren, mindestens dreieinhalb Meter hohen Tapisserien zeigten bildhafte Szenen aus kompliziert verwobenem Wollkettgarn, durchwirkt mit seidenen, metallischen, silbernen und vergoldeten Einschussfäden.

Sandy und ich standen vor dem Bild *Das Einhorn in Gefangenschaft.* Das mythische Tier befand sich in einem kreisrunden Holzzaun, umgeben von einem Teppich aus kräftig leuchtenden Wildblumen. Sandy, ein bewundernswerter Wortweber, erzählte mir die schlimmen Ereignisse, die zu seiner Gefangennahme führten – das Tier war von einer Jungfrau getäuscht und dann gefällt worden.

– Das Einhorn, sagte Sandy ernst, ist eine Metapher für die schreckliche Macht der Liebe.

Das kniende Einhorn, schimmernd in seiner Not. Ich kannte die Szene bisher nur aus Büchern, ohne ihre Größe zu begreifen und die ihr innewohnende Kraft, den verlorenen Glauben an die Existenz eines mythischen Wesens zu wecken.

– Dieses Einhorn, fuhr Sandy fort, ist so lebendig wie du und ich.

Lenny tippte mir auf die Schultern und führte mich zu der kleinen Bühne. Wir spielten *Pale Blue Eyes,* dann eine langsame, feierliche Version von *Eight Miles High,* beides wichtige Songs für Sandy. Lenny spielte mit geschlossenen Augen Elektrogitarre. Ich war abwesend und spürte eine innere Zerrissenheit, wie Nico, als sie ihre Elegie für Lenny Bruce spielte.

Zum Schluss performte Albert Bouchard, der charismatische Drummer von Blue Öyster Cult, Sandys Meisterwerk *Astronomy* auf der Akustikgitarre – ein Kunststück, das ein hohes Maß an Selbstlosigkeit erfordert, wenn man die erhabene Bedeutung des Stücks bedenkt. Vor Jahren hatten Sandy und ich verzückt gesehen, wie Blue Öyster Cult denselben Song mit Albert als Frontmann in einer Arena vor achtzehntausend Leuten spielten. Albert, nun allein, gab *Astronomy* mit einem Pathos wieder, das jede stoische Barriere brach und alle zum Weinen brachte.

Nach der Trauerfeier gingen Lenny und ich hinaus

in die Nacht und liefen durch Chinatown. Wir kamen an derselben Bank des weisen Affen vorbei, die ich von meinem einsamen Spaziergang kannte. Wir liefen ewig, so schien es, durch die Straßen von San Francisco, bis wir zum Verschnaufen an der Ecke Fillmore und Fell stehen blieben. Ich trug die Sachen, die ich an der Atlantic Avenue gefunden hatte, Lenny ein schwarzes Jackett, das meinem Mann gehört hatte, dazu schwarze Jeans und eine Lederweste. Ich hob meinen Rocksaum, um mir den Schnürsenkel zu binden.

– Hübsches Kleid, sagte Lenny.

Zwei Tage später stieß die Band wieder zu uns, um Sandy im Fillmore zu ehren. Als ich aus dem Auto stieg, traten zwei Typen auf mich zu. Sie sahen sich nicht ähnlich, erweckten aber den Eindruck, als wären sie dieselbe Person. Der mit dem Glatzkopf schenkte mir eine Halskette. Ich steckte sie in die Tasche, ohne sie anzusehen, stieg erneut die Metalltreppe zur Bühnentür hoch und sah in meiner Fantasie Jerry Garcia das Gleiche tun. Lenny war bereits da und empfing mich an der schweren Eisentür. Bevor ich bei ihm ankam, erstarrte ich kurz, weil mir schlagartig bewusst wurde, wie sich jede unserer Handlungen wiederholt.

Am Abend spielten wir *Land of a Thousand Dances.* Während des Instrumentalteils reiste ich in Gedanken in das Land der Medea. Ich ging durch die Ödnis und folgte Medea, die mit Sandalen an den Füßen Jason gefolgt war. Das Goldene Vlies schimmerte und blendete alle, die es anzusehen wagten. Ich sah das Feuer in Medeas durchsichtigem Herzen und spürte das heiße Blut in ihren Adern. Als Hohepriesterin, zugleich aber auch ein Mädchen vom Land, konnte sie sich verstandesmäßig nicht mit Jasons Volk messen. Sie ist gezwungen, rein instinktiv zu handeln, und verkleidet sich als Fuchs, um die Jäger zu verwirren. Ihre kleinen Söhne schlafen. Jasons Söhne. Sie liebte ihn, und er betrog sie. Ich sah, wie sie ihren weißen Arm mit den schweren Reifen hob. Ich sah das Vlies seinen Glanz verlieren. Ich sah, wie ihr Dolch die kleinen Herzen traf.

Die Band spielte laut, das Publikum war ziemlich wild und unberechenbar. Vielleicht folgten einige dem Faden, der sich von Jasons Vlies zu der betrogenen Medea und der furchterregenden Hexerei des Jenseits zog, doch das war egal. Ich sang für Sandy, und die Poesie, die sich gewaltsam entlud, galt nur ihm. In meiner Fantasie sah ich sein strahlendes Lächeln, die eisblauen Augen und fühlte einen Augenblick lang die fröhliche Arroganz, die ihren Mantel auf dem Altar der Oper, der Mythologie und des Rock'n'Roll ausbreitete. Ich war genau dort, wo er war, wir spürten einander am Abgrund der unentrinnbaren Tragödie.

WARUM BELINDA CARLISLE WICHTIG IST

Das Hoteltelefon hörte nicht auf zu klingeln. Es war die Rezeption, aber welche Rezeption, welche Stadt, welcher Monat? Gut, es war Oktober, ich war in Seattle, in einem riesigen Zimmer mit Blick auf eine gewaltige Klimaanlage, und sollte eine Rede über die Bedeutung von Bibliotheken halten. Es war vier Uhr nachmittags, und ich war im Mantel eingeschlafen. Das Kleid, das ich zur Trauerfeier getragen hatte, hing über der Couch. Ich war angekommen, hatte meine Sachen abgestellt und war einfach weggedämmert. Leicht benommen wusch ich mir das Gesicht, dann bereitete ich meine Rede vor und verglich in Gedanken eine Reihe von Bibliotheken, die ich seit meiner Kindheit besucht hatte, damals, als ein Ausweis mir Zugang zu ganzen Buchserien verschafft hatte: *Die Boobsey Twins, Uncle Wiggily and His Friends, Freddy the Detective;* sämtliche *Oz*-Bücher und *Nancy Drew*-Detektivromane. Erinnerungen an Bibliotheksbesuche vermischten sich mit Bildern meiner eigenen Bücher, Hunderte von Büchern, die auf dem Bett lagen, die rechte Seite der Treppe säumten, gestapelt auf dem Kartentisch in der Küche und noch höher gestapelt auf dem Fußboden an der Wand.

Unten in der Lobby wurde ich in Empfang genommen und weggebracht, ähnlich wie Holly Martins in *Der dritte Mann,* der aus seinem Hotel in Wien getrieben wurde, um eine Rede über die Rolle des existenzialistischen Cowboys in der amerikanischen Literatur zu halten. Wie Holly war ich heillos unvorbereitet. Als ich vor dem vollen Haus stand, beschloss ich, die persönliche Schiene zu wählen, und sprach über die Bedeutung einer Bibliothek für einen neunjährigen Bücherwurm, der in einer ländlichen Gemeinde im Süden New Jerseys lebte, eine Gegend ohne kulturelles Angebot oder einen Buchladen, zum Glück aber mit einer kleinen, ungefähr zwei Meilen von unserem Zuhause entfernten Bibliothek.

Ich erzählte, wie wichtig mir Bücher seit jeher waren und dass ich jeden Samstag in die Bibliothek ging und meine Bücher für die Woche auswählte. Eines Vormittags im Spätherbst zog ich mich trotz der drohenden Wolken am Himmel warm an und ging wie immer an den Pfirsichhainen, der Schweinefarm und der Eisbahn vorbei zu der Straßengabelung, die zu unserer einzigen Bibliothek führte. Der Anblick der vielen Bücher, die mit buntem Rücken Reihe um Reihe füllten, verfehlte nie seine Wirkung. An jenem Tag ließ ich mir viel Zeit beim Aussuchen meines Bücherstapels, während der Himmel draußen zunehmend dunkler wurde. Zuerst machte ich mir keine Sorgen, da ich lange Beine hatte und eine ziemlich schnelle Läuferin war, doch dann merkte ich rasch, dass mich der Sturm einholen würde. Es wurde kälter, der Wind frischte auf, gefolgt von schwerem Regen, der in prasselnden Hagel überging. Um die Bücher zu schützen, packte ich sie unter meinen Mantel, denn ich hatte einen langen Weg vor mir; ich trat in Pfützen und spürte, wie das eiskalte Wasser meine Socken durchnässte. Als ich schließlich zu Hause ankam, schüttelte meine Mutter mit einem mitfühlenden Seufzer den Kopf, bereitete ein heißes Bad vor und schickte mich anschließend ins Bett. Ich bekam eine Bronchitis und verpasste mehrere Schultage. Aber es hatte sich gelohnt, denn ich hatte meine Bücher, darunter *The Tik-Tok Man of Oz*, *Half Magic* und *A Dog of Flanders.* Wunderbare Bücher, die ich immer wieder las und die mir nur durch unsere Bibliothek zugänglich waren. Während ich diese kleine Geschichte erzählte, fielen mir im Publikum einige Leute mit Taschentüchern auf, die etwas von diesem in Bücher vernarrten jungen Mädchen in sich erkannten.

Am nächsten Morgen stand ich früh auf und trank meinen Kaffee in einem Laden namens Ruby. Ich erinnerte mich, hier vor mehreren Jahren mit Lenny und Sandy gegessen zu haben, nach einem Konzert im Moore Theatre, dem ältesten Theater in Seattle, bekannt für sein ägyptisches Dekor. Die großartigen Tänzer Vaslav Nijinsky und Anna Pawlowa hatten hier auf der Bühne gestanden, und auch Größen wie Sarah Bernhardt, die Marx Brothers, Ethel Barrymore und Harry Houdini gaben hier ihr Bestes. Früher war es nach Rassen getrennt, und Farbige wurden auf die obersten Ränge verbannt. Dieser Makel auf dem Theater war nicht ohne Ironie, denn auf genau diesen Plätzen war die Akustik am besten. Es war das Jahr, als Sandy und ich nach Ashland fuhren, um uns auf dem Oregon Shakespeare Festival *Coriolan* anzusehen. Oder, wie Sandy es formulierte, um dem von Shakespeare ins Mystische überhöhten Niedergang eines von Hybris befallenen Menschen beizuwohnen. Nach dem Frühstück ging ich hinüber zur Bread of Life Mission, um eine Geldspende abzugeben. Ein Obdachloser in einem langen, grauen Mantel und violetter Rollmütze schrieb gerade mit einem dicken Stück rosa Kreide eine Botschaft auf eine Backsteinwand. Ich legte fünf Dollar in seinen Becher, der neben einem provisorischen Bett aus platt gedrückter Pappe stand, und verfolgte die langsam unter seinen Fingern erscheinende Botschaft: *Belinda Carlisle ist wichtig.*

– Warum?, fragte ich. Warum ist Belinda Carlisle wichtig?

Er sah mich ziemlich lange an und dann noch einen langen Augenblick länger, der bis in die Zeit zurückreichte, als Städte noch bloße Hügel waren. Dann wechselte sein Blick von mir nach unten auf seine Schuhe und schließlich wieder hoch, und er antwortete mit tiefer Stimme.

– Sie hat es drauf.

Ein echter Sandy-Moment. Wäre er hier gewesen, hätte er diese Bemerkung als bedeutsame Wahrheit verstanden. Ich dagegen lächelte nur und zuckte die Schultern. Ich zweifelte nicht an seiner Aussage, nahm sie aber auch nicht besonders ernst, bis ich mehrere Tage später, zurück in New York, in einer schlaflosen Nacht die Kanäle durchzappte und bei einem Musik-Infomercial hängen blieb. Beworben wurde eine CD-Box mit Musik aus den Achtzigern, oder vielleicht waren es auch Girl Groups, jedenfalls traten die Go-Go's in irgendeiner englischen Popmusik-Show auf und sangen *We Got the Beat.* Alle Mädchen waren cool, aber Belinda, die hatte den Dreh raus, ohne schrill zu sein, ein Hauch von *Surf Beach Party* mit einem modernen Twist und ein wenig französischem Chic, Leggings und hohen Absätzen. Yeah, Belinda, sagte ich laut, du hast es drauf.

Ihre Ausgelassenheit war ansteckend. Ich stellte mir vor, wie sich eine gewaltfreie Hybris im Land ausbreitet, getragen von einem wachsenden Stolz wie bei den Jungs in West Side Story, die *When you're a Jet* singen ... Hunderttausende Mädchen und Jungs überfluten die offenen Grenzen, übernehmen Belinda Carlisles Bewegungen und singen *We Got the Beat.* Soldaten legen ihre Waffen nieder, Matrosen verlassen ihre Posten, Diebe

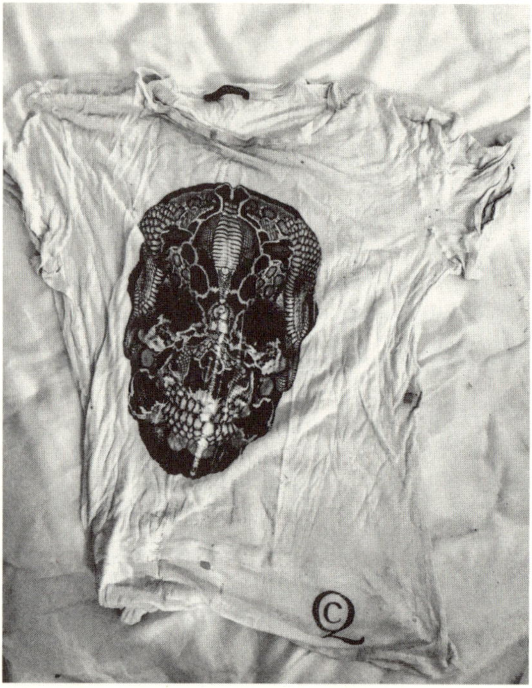

Es war der Tag der Toten

ihre Tatorte, und plötzlich sind wir mitten in einem großartigen Musical. Keine Macht, keine Rasse, keine Religion, keine Entschuldigungen. Und mit diesem gigantischen Schauspiel im Kopf sprang ein Teil von mir auf und tänzelte die Straße entlang, betrat die Szene und stimmte ein in den stetig anschwellenden Chor, wie William Blakes Engel, die den umgeblätterten Seiten im Buch des Lebens entströmen.

DER HEILIGE STUHL

Es war der Tag der Toten. Die Seitenstraßen waren geschmückt mit Zuckerschädeln, in der Luft hing ein seltsam schaler Wahnsinn. Ich hatte ein schlechtes Gefühl, was die Wahl im Jahr des Affen betraf. Keine Sorge, sagten alle, die Mehrheit regiert. Nicht doch, gab ich zurück, die Schweigsamen regieren, sie werden entscheiden, jene, die nicht wählen. Und wer will es ihnen verübeln, wenn alles nur ein Haufen Lügen ist, eine schmutzige Wahl, gespickt mit Müll? Millionen Dollar, die in einem glitschigen Loch verschwinden, ausgegeben für unendlich viele umstrittene Fernsehspots. Wahrhaft dunkle Zeiten. Alles Gelder, die man dazu verwenden könnte, den Dreck von den Wänden zerfallender Schulen abzukratzen, Obdachlose zu schützen oder einen stinkenden Fluss zu reinigen. Stattdessen schaufelt ein Kandidat verzweifelt Geld in eine Grube, während der andere in seinem Namen leere Bauwerke errichten lässt, noch eine unmoralische Verschwendung. Ich wählte trotzdem, gegen alles Unbehagen.

Am Wahlabend schloss ich mich einem Treffen bei guten Freunden an, und wir sahen uns die schreckliche

Seifenoper namens amerikanische Wahl auf einem Großbildfernseher an. Im Morgengrauen stolperten wir einer nach dem anderen von dannen. Der Grobian pöbelte. Schweigen regierte. Vierundzwanzig Prozent der wahlberechtigen Bevölkerung hatten den Schlimmsten unter uns gewählt, um die anderen sechsundsiebzig Prozent zu vertreten. Alles dank unserer amerikanischen Apathie, alles dank der verdrehten Weisheit des Wahlkollegiums.

Ich konnte nicht schlafen und machte einen Spaziergang nach Hell's Kitchen. Einige Bars hatten schon geöffnet, oder vielleicht schlossen sie nie, aber niemand fegte oder machte sauber für den neuen Tag. Vielleicht wollten sie den neuen Tag verdrängen oder einfach nur aufhalten. Noch ist gestern, rief der Müll, es gibt noch eine Chance in der Hölle. Ich bestellte einen Wodka und ein Glas Wasser, fischte das Eis aus beiden Getränken und warf es in eine Schale mit alten Brezeln. Ein Radio lief, ein echtes, Billie Holiday sang *Strange Fruit.* Ihre lakonisch leidende Stimme löste Schauder der Bewunderung und Scham in mir aus. Ich stellte mir vor, wie sie an der Bar saß, eine Gardenie im Haar und ein Chihuahua auf ihrem Schoß. Ich stellte mir vor, wie sie in einem zerknitterten weißen Rock und einer Bluse in einem mit Diesel betriebenen Tourbus fuhr, abgewiesen von einem weißen Hotel im Süden, und das, obwohl sie Billie Holiday, obwohl sie schlicht und einfach ein Mensch war.

Der Deckenventilator war voller Staub. Ich beobachtete, wie er sich drehte, und war offenbar eingenickt, denn ich bekam gerade noch das Ende eines anderen Songs mit. *New York, I love you, but you're bringing me down.* Mit Kiefern bewachsene Hügel, Frühstückseier in einem Korb.

– Noch ein Wodka?

– Nein, danke, sagte ich. Nur einen schwarzen Kaffee.

– Möchten Sie Milch?

Die Bedienung war hübsch, aber ein Hautfetzen hing an ihrer Lippe. Ich konnte nicht aufhören, ihn anzustarren. In meiner Fantasie wurde er größer und schwerer, löste sich schließlich und fiel in eine Schale mit dampfender Brühe, die sich zu einem blubbernden Teich ausdehnte, aus dem eine Kopie des Lebens wuchs. Ich schüttelte den Kopf. Manchmal versetzen uns ziemlich banale Dinge in Trance. Es war definitiv Zeit aufzubrechen, aber eine Stunde später saß ich immer noch da. Obwohl ich weder hungrig noch durstig war, überlegte ich, ob ich etwas bestellen sollte, um mein langes Herumsitzen zu rechtfertigen, das allerdings niemanden zu stören schien – vielleicht waren wir alle nach dieser Wahl von derselben Lähmung befallen.

Die Tage vergingen, das Geschehene ließ sich nicht ungeschehen machen. Thanksgiving war vorbei, Weihnachten stand drohend bevor. Ich schlenderte durch die Einkaufsstraßen, im Takt mit einem inneren Flüstern: *Ich will kein Geschenk. Ich will kein Geschenk.* Schuldgefühle benetzten die trockenen Krümel der Niederlage; wie konnte es so schlimm enden? Wieder ein Fall, der zeigte, dass alles aus den Fugen geraten war. Stille, stille Nacht. In Geschenkpapier eingewickelte Sturmgewehre stapelten sich unter künstlichen Bäumen, geschmückt mit winzigen goldenen Kälbern, Zielscheiben, aufgestellt in schneebedeckten Hinterhöfen.

Tiefster Winter, aber die Lufttemperatur war irgendwie nicht spürbar. Ich überquerte die Houston Street und stellte fest, dass in der Weihnachtskrippe vor St. Anthony's das Jesuskind fehlte. Auf den Schultern des hl. Franziskus hockten keine Vögel. Gipsjungfrauen mit weißen Perücken bereiteten ein leeres Festmahl vor. Ich war noch nie so hungrig, noch nie so alt. Ich stapfte die Treppe zu meinem Zimmer hoch und murmelte vor mich hin: *Einst war ich sieben, bald werde ich siebzig.* Ich war schrecklich müde. *Einst war ich sieben,* wiederholte ich und setzte mich im Mantel auf die Bettkante.

Unser stiller Zorn verleiht uns Flügel und die Möglichkeit, die Rädchen rückwärtszudrehen und alle Zeiten zu vereinen. Wir reparieren eine Uhr und optimieren damit die uns innewohnende Fähigkeit zurückzugehen, sagen wir bis ins vierzehnte Jahrhundert, dem Auftauchen von Giottos Schafen. Die Glocken der Renaissance erschallen, während eine Prozession von

Trauernden dem Sarg mit dem Leichnam Raffaels folgt, dann erschallen sie wieder, wenn der letzte Abstich eines Meißels den milchweißen Körper von Christus freilegt.

Alle gehen ihren Weg, so wie ich meinen ging, der mich in die Werkstatt der Brüder van Eyck führte, in eine schattige Ecke, die nach Eigelb und Leinöl roch. Dort sah ich Kräuselwellen, so perfekt ausgeführt, dass sie Durst auslösten. Ich beobachtete, mit welcher Präzision der jüngere Eyck die Zobelspitze seines Pinsels auf die nasse Wunde des mystischen Lammes setzte. Ich eilte davon, damit wir nicht zusammenstießen, und ging rasch weiter in Richtung zwanzigstes Jahrhundert, vorbei an den grünen Feldern ländlichen Reichtums, dazwischen zahllose Kreuze zur Erinnerung an die abgeschlachteten Söhne des Ersten Weltkriegs. Das waren keine unbegreifbaren Träume, sondern euphorisch gelebte Stunden. Und in diesen fließenden Stunden sah ich wundersame Dinge, bis ich, müde geworden, über einer kleinen, mit alten Backsteinhäusern gesäumten Straße kreiste und mir das Dach mit dem staubigen Oberlicht aussuchte. Die Luke war offen. Ich nahm meine Mütze ab und schüttelte ein bisschen Marmorstaub aus. Tut mir leid, sagte ich und blickte hoch zu einer Handvoll Sterne, die Zeit rast, und nicht ein einziges Kaninchen kann mit ihr Schritt halten. Tut mir leid, wiederholte ich und stieg in vollem Bewusstsein, wo ich gewesen war, die Leiter hinunter.

30. Dezember. Ich segelte an meinem siebzigsten Geburtstag vorbei ins Jahresende, knöcheltief in Konfetti. Ich flüsterte meinen weit gereisten Stiefeln *Gutes neues Jahr* zu, so wie ich es vor genau einem Jahr getan hatte. Auf den Tag genau vor einem Jahr hatte ich vor dem Dream Motel gehalten, wo gewisse Dinge sich ins Ungewisse verkehrten und ein Schild vorhersagte, ich würde nach Uluru reisen. Auf den Tag genau vor einem Jahr war Sandy Pearlman noch am Leben. Auf den Tag genau vor einem Jahr konnte Sam sich noch eine Tasse Kaffee machen und mit seiner eigenen Hand schreiben.

Ohne eine Spur von Übertreibung

DAS MYSTISCHE LAMM

Mit fast religiöser Schlichtheit reiste ich an einen Ort, von dem ich noch nie gehört hatte, einer Stadt in der Nähe von Santa Ana, im hintersten Westen, wo Sam den Winter verbringen wollte. Eine Stadt, sagte er, wo es immer nur regnen würde. Komm, befahl er leise, und so packte ich eine Regenjacke, Flanellhemd, ein paar Socken und ein kleines, reich bebildertes Buch über den Genter Altar ein. Im Flugzeug versuchte ich nicht an die Lage der Dinge zu denken, an nichts Unangenehmes. Es gab einige Turbulenzen, was mich nicht weiter störte, nur kleine Wettergeschehen, die keine persönlichen Absichten hegten. Ich schlug das schmale Buch auf und konzentrierte mich auf den grandiosen Altar, eine Beschäftigung, der ich mich gerne hingab.

Der einzigartige Flügelaltar wurde von den Brüdern Hubert und Jan van Eyck im fünfzehnten Jahrhundert auf Eiche gemalt. Das gesamte Altarbild ist von einer so überirdischen Ausdruckskraft, dass alle Betrachter es bewunderten und viele glaubten, es stelle eine Verbindung zum Heiligen Geist dar. So wie die Erzengel göttliche Werkzeuge waren, die Verkörperung eines Telefonanrufs von Gott. Die Jungfrau Maria erhielt einen solchen Anruf, dargestellt auf dem linken Tafelbild der Verkündigung, die Botschaft der Fleischwerdung durch den Engel Gabriel; das fiebrige Geflecht aus Angst und Begeisterung, ausgelöst durch diese Botschaft, lässt sich nur erahnen. Maria kniet in einer kaleidoskopischen Leere, verziert mit ihren auf dem Kopf stehenden und in goldenen Lettern geschriebenen Worten. Die Künstler benutzten kein grelles Blattgold, sondern ein flämisches, aufgetragen von unvergleichlichen flämischen Händen. Als ich die Außenseite des Altars einmal berührte, erfasste mich eine große Ehrfurcht, nicht im religiösen Sinn, sondern vor den ausführenden Künstlern; ich spürte ihren aufgewühlten Geist und ihre majestätische, konzentrierte Ruhe.

Sind die Flügel geöffnet, sieht man über der Mitteltafel eine zweite Darstellung Marias, auf der sie in gelassenerer Haltung ihren Platz zur Rechten von Gottes Sohn einnimmt. Im doppelten Heiligenschein über ihrem leicht geneigten Kopf spannen sich Worte, die sie zum unbefleckten Spiegel der göttlichen Majestät erklären. Trotz aller Lobpreisungen zeigt sie eine mustergültige Schlichtheit, das besänftigte Wesen einer schmerzensreichen Mutter.

Darunter befindet sich das Zentrum der Komposition, die *Anbetung des Lammes,* eine Szene, die seinerzeit zu Ohnmachtsanfällen geführt haben soll. Ein heiliges Mysterium, sichtbar gemacht durch ein Kunstwerk.

Das triumphierende und zugleich stoische Lamm, das alles irdische Leid erduldet, steht auf einem Altartisch und lässt, in Übereinstimmung mit der Prophezeiung, Blut aus seiner Seite in einen Messkelch fließen. Durst wird aufhören, Durst zu sein, und Wunden werden aufhören, Wunden zu sein, wenn auch auf andere Weise als erwartet.

Was wird aus uns, fragte ich mich und schloss das Buch. Uns, die wir Amerika sind, uns, der Menschheit allgemein. Der Blick in den Augen des Lammes wirkt unbeirrbar, aber könnte es sein, dass das Blut der Nächstenliebe nicht unerschöpflich ist und eines Tages nicht mehr fließt? In meiner Vorstellung sah ich die versiegende Quelle, den ausgetrockneten wohltätigen Brunnen, ein verstörendes Zusammentreffen der Sterne.

Ich spürte ein dumpfes Pochen in den Schläfen. Auf meinem Ärmel waren Flecken, offenbar hatte ich die Palette des Malers gestreift, dessen Pinsel die dunkle Wunde des Lammes gezeichnet hatte. War das wirklich passiert? Ich konnte mich an kein Gesicht erinnern, aber ich weiß, ich hatte geweint, wenn auch ohne das Salz der Tränen. Ich erinnere mich, erst vor wenigen Tagen dort gestanden zu haben, sprachlos, bis ich brutal aus der Zeit der *Anbetung* in das Reich des Jetzt gewirbelt wurde. Der Fleck, dachte ich und blickte zum Himmel im Westen, war jedenfalls so real wie die Erinnerung.

– Was ist schon real?, hatte Sam mich erst kürzlich gefragt. Ist Zeit real? Sind diese toten Hände realer als die

Hände in meinen Träumen, die ein Lasso werfen oder ein Lenkrad steuern können? Wer weiß schon, was real ist, wer weiß das?

In San Francisco stieg ich in einen Shuttle nach Santa Ana. Sams Schwester Roxanne holte mich am Flughafen ab. Ihr sonniges Gemüt war eine angenehme Abwechslung, denn der Himmel war grau bis zum Horizont, und es regnete, wie von Sam prophezeit. Wir hielten vor einem weißen, mit Schindeln verkleideten Haus. Als ich die Stufen hochging, sah ich Sam durch die Fliegengittertür, bevor er mich entdeckte. Er ähnelte Samuel Beckett mehr denn je, und ich hegte immer noch die Hoffnung, dass ich nicht ohne ihn alt werden müsste.

Wir arbeiteten in der kleinen Küche. Ich schlief auf der Couch. Der Regen prasselte ununterbrochen auf das Vordach über der Veranda. Wir waren eine Welt entfernt von Kentucky, von Sams Land und seinen Pferden. Entfernt von allem, was ihn ausmachte. Wir verbrachten die Tage mit der Überarbeitung seines Manuskripts, das sein letztes werden sollte, ein unsentimentaler Liebesbrief an das Leben. Manchmal trafen sich unsere Blicke. Keine Masken, keine Distanz, nur die Gegenwart, im Mittelpunkt stand die Arbeit, und wir waren ihre Diener. Am Abend vertagten wir sie und ergaben uns guter Dinge dem Ritual, den Rollstuhl nach unten zu hieven, Verandastufen zu bewältigen und einen Spaziergang zum Café in der Stadt zu machen, wo es heißen

mexikanischen Kakao gab. Im milden Nieselregen ging ich ein Stück hinterher und durchlebte das verwirrende Gefühl vergangener Zeiten, als ich an Sams Arm durch die Straßen im Greenwich Village gestolpert war.

Ich empfand die Stille, die das kleine Haus umgab, als entnervend. Niemand war da, wenn wir unsere nächtlichen Spaziergänge machten. Ich hasste mich für meine Ruhelosigkeit. Sam spürte sie auch, aber er zeigte Verständnis; er kam schon ruhelos zur Welt. Als ich zurück nach Kalifornien musste, regnete es immer noch. Ich stieg mit Roxanne ins Auto, und wir ließen das weiße Schindelhaus, das efeubewachsene Spalier und die überdimensionale Gießkanne hinter uns zurück. Ich versprach, in Kontakt zu bleiben. *Durst wird aufhören, Durst zu sein, und Wunden werden aufhören, Wunden zu sein.* Als wir uns dem Flughafen von Santa Ana näherten, warf ich einen Blick auf mein Handy. Keine Nachricht von den Engeln, kein Anruf, nicht ein einziges Läuten.

DER GOLDENE HAHN

Am Abend vor der Amtseinführung herrschte abnehmender Mond. Ich versuchte meine Beklemmung, mein wachsendes Angstgefühl zu ignorieren und wünschte mir, ich könnte schlafen, bis alles vorbei wäre, wünschte, in eine Art Zauberschlaf zu fallen. Am Morgen ging ich in das koreanische Spa in der Thirty-Second Street und saß dort eine Stunde in der Infrarotkabine. Ich hustete in einen kleinen Haufen klebriger Taschentücher und dachte an Hermann Broch, der, eingesperrt im Gefängnis, in Gedanken den *Tod des Vergil* entwarf. Ich dachte an Vergils Grab in Neapel und dass er eigentlich nicht dort war, weil seine Asche unter rätselhaften Umständen im Mittelalter verloren ging. Ich dachte an Thomas Paines Worte: *Dies sind die Zeiten, die die Menschen in Versuchung führen.* Draußen hörte es auf zu regnen, nur ein starker Wind wehte noch. Und Tatsachen blieben Tatsachen. Es war der letzte Tag im Jahr des Affen, und der goldene Hahn krähte, denn der unerträgliche gelbhaarige Hochstapler war vereidigt worden, und das auch noch auf eine Bibel – Moses, Jesus, Buddha und Mohammed waren offenbar völlig woanders.

Wir sind die lebenden Dornen

Am folgenden Abend ertönten Gongs, und flammenspuckende Drachen rollten wie Nachziehspielzeug durch die Straßen in Chinatown. Es war der 28. Januar. Der Hahn des neuen Jahrs war angekommen, ein hässliches Viech mit aufgeplustertem sonnenfarbenem Gefieder. *Zu spät, zu spät, zu spät,* krähte er. Das Jahr des Affen war vorbei, und der brandgefährliche Hahn, der in den Kulissen wartete, legte einen großspurigen Auftritt hin. Ich ließ die Parade zum neuen Mondjahr aus und sah mir das Feuerwerk auf meiner Treppe an. Mir wurde klar, dass ich die Neujahrsfeierlichkeiten an der Ost- und Westküste, den Anfang und das Ende des Jahrs des Affen am Rande miterlebt, an beiden aber nicht teilgenommen hatte. Vielleicht nicht verwunderlich, denn schon als Kind fand ich es schwierig, mich mit ganzem Herzen auf solche Feiern einzulassen, ich fürchtete den Lärm der alljährlichen Thanksgiving-Parade mit den Umzugswagen und Marschkapellen oder die Aufregung der Mummers Parade. Im Strudel der Feiernden fühlte ich mich immer verloren, wie Baptiste, der am Ende von *Kinder des Olymp* unfreiwillig in den verrückten Karnevalstrubel geriet.

Trotzdem ging ich ein paar Tage später nach Chinatown in eine vertrauenswürdige Apotheke und suchte Rat bei einem alten chinesischen Kräutermediziner, der mir schon oft gute Heiltees empfohlen hatte. Der Körper ist ein reagierendes Zentrum, sagte er, nachdem ich ihm die Symptome meines allgemeinen Unwohlseins dargestellt hatte. Alle Leiden sind Reaktionen auf äußere Reize, Chemikalien, das Wetter, Nahrungsaufnahme. Unsere Gesundheit ist eine Frage der Ausgewogenheit, unser Organismus stellt sich nur neu ein. Ob Ausschlag oder Husten, irgendwann geht alles vorbei. Man muss gelassen bleiben und darf nicht zu viel Energie auf solche körperlichen Reaktionen verschwenden. Er gab mir drei Teepäckchen. Ein goldenes, ein rotes und ein salbeigrünes. Ich steckte sie ein, ging wieder hinaus in die Kälte und stellte fest, dass die Spuren der Feierlichkeiten größtenteils verschwunden waren, abgesehen von den Resten einiger Papierlaternen, Konfettistückchen, einem weggeworfenen Plastikaffen auf einem zerbrochenen Stock.

Ich ging zum Ende der Mott Street und stieg die Treppe zum Wo Hop hinunter, um Lenny auf ein Congee zu treffen. In den Siebzigern kostete ein Enten-Congee neunzig Cents. Das Wo Hop war durchgehend geöffnet, laut und servierte Congee bis vier Uhr morgens. Damals aßen wir alle dort, oft in den frühen Morgenstunden im neuen Jahr, viele von uns pleite, viele, die mittlerweile tot sind. Lenny und ich aßen unser Congee und tranken Oolong-Tee, still und dankbar, dass wir noch lebten; wir waren im Abstand von drei Tagen geboren, beide siebzig und grauhaarig, und verbeugten uns vor dem Schicksal. Wir sprachen nicht über die Amtseinführung, aber wir hatten die gleichen Ängste, sie hingen schwer in der Luft.

Am Abend trank ich den goldenen Tee und musste im Schlaf nicht husten. Ich träumte von einem langen Zug von Migranten, unterwegs von einem Ende der Welt zum anderen, weit jenseits der Ruinen ihrer einstigen Heimat. Sie zogen durch Wüsten, öde Landschaften und überwucherte Sumpfgebiete, wo breite Bänder aus ungenießbaren Algen, strahlender als der persische Himmel, sich um ihre Knöchel schlangen. Eingehüllt in das Tuch ihrer Wehklagen, schleppten sie ihre Banner hinter sich her und suchten die hilfsbereite Hand der Menschheit, suchten Schutz, wo keiner geboten wurde. Sie gingen, wo Reichtum sich hinter meisterhafter Architektur verschanzte, gewaltige Felsblöcke um moderne Hütten, raffiniert verdeckt durch dichte heimische Pflanzen. Drinnen war die Luft trocken, aber alle Türen, Fenster und Brunnen waren hermetisch verriegelt, als hätte man ihr Kommen geahnt. Und ich träumte, dass all ihre Nöte und Strapazen auf globalen Bildschirmen, Tablets und Smartwatches gesehen wurden und eine beliebte Form realitätsbezogener Unterhaltung wurden. Alle sahen gleichgültig zu, wie sie unversöhnliches Land betraten und ihre Hoffnung in Hoffnungslosigkeit zerfiel. Doch als die Kunst aufblühte, seufzten alle gerührt. Musiker erwachten aus ihrer Erstarrung und komponierten fantastische Symphonien des Leidens. Auf ihren Spuren entsprangen Skulpturen, als wollte man ihrer Bürden gedenken. Muskulöse Tänzer schwebten über große Bühnen und stellten die Qualen der Verbannten dar, wie überwältigt vom vergeblichen

Nomadentum. Alle sahen gebannt zu, während sich die Welt in ihrer verlässlichen Dummheit weiterdrehte. Und ich träumte, dass der Affe auf sie herabsprang, diese verwirrende Discokugel, und anfing, wie wild zu tanzen. Und obwohl es in meinem Traum in Strömen goss, ignorierte ich das Wetter und brach ohne Regenmantel zum Times Square auf. Menschen scharten sich vor einem gigantischen Bildschirm, um die Amtseinführung zu verfolgen, und ein junger Mann, derselbe, der das Volk vor dem Kaiser gewarnt hatte, der keine Kleider trug, rief: Seht nur! Er ist wieder da, ihr habt ihn aus dem Sack gelassen! Auf die Feierlichkeiten folgte eine neue Fassung von den Prüfungen der Migranten. Holzboote mit Spuren von Gold lagen verlassen in flachen Gewässern. Ein vergoldetes Maskottchen mit abscheulichen Flügeln rauschte kreischend herab. Tänzer krümmten sich vor Schmerzen, während ihnen die Stacheln des Mitgefühls die Füße zerstachen. Die Zuschauer rangen in mitfühlendem Zorn die Hände, doch das war nichts verglichen mit jenen, die über die Erde zogen, die unermüdlich weitergingen und Worte in den windgepeitschten Sand schrieben. Malt uns, wenn ihr müsst, aber wir sind die lebenden Dornen, wir sind die Geplagten und die Plage. Ich erwachte, und das Geschehene war geschehen. Die Menschenkette war in Bewegung, ihre Stimmen klangen in der Luft wie eine Wolke verheerender Insekten. Es gibt keine ungefähre Wahrheit, man kann ihr nichts hinzufügen oder wegnehmen, denn der wahre Hirte ist im Himmel und alles Leid auf Erden.

Ich habe versucht, dich zu erreichen, sagte er

EINE NACHT AUF DEM MOND

Es war eine drittklassige Café-Bar. Das heißt, sie bot ein gewisses Maß an Anonymität, das jedes zweifelhafte Treiben verschleierte und gleichzeitig preisgab. Kein Ort, um sich in den farblosen Wänden zu verstecken, andererseits stießen nur wenige auf diesen nichtssagenden Laden, der in einer Seitengasse abseits der respektablen Straßen lag. Glücklose Typen, Buchmacher und Spitzel, letzte Gestalten aus einer Zeit, die nur ein korrupter Cop erkannte.

Beim Eintreten überflog ich den Raum. Die gleichen Tische, gelb verfleckter Linoleumboden, ein paar Sitznischen. Vor ungefähr zwanzig Jahren, als man hier die besten Eier mit Schinken bekam, war ich schon mal hier gewesen. Der Billardtisch war verschwunden, aber sonst unverändert düster, ohne jedes Dekor, abgesehen von einem Kalender mit Bergpanoramen. Ein Ort, wo es als heilig galt, sich um seinen eigenen Kram zu kümmern.

Gleich neben der Tür saß ein Mann, der mit hochgezogenen Schultern in seine Tasse starrte, als wollte er eine dunkle Prophezeiung aus dem Kaffeesatz lesen.

Neben ihm ein Aschenbecher voller Kippen, das perfekte Stillleben. Am anderen Ende unterhielten sich leise zwei Typen, die Köpfe so dicht zusammen, dass sie sich berührten.

Ich stand an der Bar und wartete darauf, bedient zu werden. An der Wand hing ein verblasstes Foto von Manolete dem Stierkämpfer, in einem vergoldeten Holzrahmen mit aufgeklebten seidenen Rosenknospen an den Ecken. Eigentlich wollte ich Kaffee, aber ich bestellte einen Wodka. Ich stürzte ihn hinunter und fragte mich, wie ich wohl zu diesem jämmerlichen Haufen passte. Vielleicht hielt man mich für eine Herumtreiberin, nicht gut bei Kasse, aber auch nicht ganz unten, vielleicht jemand, der den Zug oder zumindest eine günstige Gelegenheit verpasst hatte.

– Was ist das für ein Wodka?

– Wen interessiert das schon?

– Na ja, er ist verdünnt, aber ziemlich gut.

Der Barkeeper gab sich gekränkt.

– Kauffman's. Russisches Zeug.

– Kauffman's, wiederholte ich und schrieb den Namen in ein kleines Notizbuch, das ich in meiner Gesäßtasche hatte.

– Ja, aber hier kriegt man den nicht.

– Aber ich hab ihn doch eben getrunken, sagte ich.

– Ja, aber hier kriegt man den nicht.

Ich seufzte. War das alles ein Traum? War überhaupt alles ein Traum? Angefangen beim Dream Motel bis hin zu dem ganzen Unfug, den der Affe anstellte. Inmitten dieser Grübeleien merkte ich, dass ich nicht allein war. Ich sah mich rasch in der Bar um und entdeckte ihn. Bei meiner Ankunft war er mir nicht aufgefallen, aber da saß er, im Halbdunkel an einem Ecktisch, und warf gefaltete Zettel aus seiner Brieftasche. Ich hatte schon lange nicht mehr an ihn gedacht, nicht, seit er mich in einer fast biblisch leeren Landschaft allein ausgesetzt hatte. Ich versuchte Blickkontakt herzustellen, aber er sah durch mich hindurch. *Wir haben uns im WOW kennengelernt,* sagte ich in Gedanken. *Gut, eigentlich haben wir uns nie kennengelernt. Ich saß lediglich an seinem Tisch und habe mich in die Unterhaltung eingemischt, in der es um 2666 ging, um die Hunderennen in Petersburg.* Ernest gab nicht zu erkennen, ob ihn meine Botschaft erreichte, also ging ich hinüber und setzte mich zu ihm. Er fing an zu reden, als greife er den Faden einer früheren Unterhaltung auf, erzählte irgendetwas über die Anfangsszene von *Apocalypse Now.*

– Martin Sheen sturzbetrunken, ein wahrhaft mutiger Akt, das mutigste je auf Film Gebannte, verblüffend, dass sie das durchgezogen haben. Der zerbrochene Spiegel und das viele Blut. Kein künstliches Blut. Blut von Martin Sheen.

Dann stand er auf und lief Richtung Klo. Ich ging zurück zur Bar und bestellte noch einen Drink. Eigentlich trinke ich nicht oft, aber ich dachte mir, verdünnter Wodka, dazu noch guter, könnte nicht schaden, auch nicht mitten am Nachmittag. Ich zeigte zum Tisch, an dem Ernest gesessen hatte.

– Wissen Sie, was er getrunken hat?

– Wen interessiert das schon?, sagte er. Aber er stellte eine zweifelhaft aussehende Flasche Tequila vor mir ab. Ich bat ihn, ein paar Minuten zu warten, dann mit der Flasche zu kommen und einen Drink aufs Haus anzubieten. Ich legte Geld auf die Theke, als eine Frau mit einem Perückenkoffer und Kleidern aus der Reinigung hereinkam. Sie ging durch eine Tür hinter der Bar. Die beiden Typen, die ihre Köpfe zusammensteckten, hatten sich nicht gerührt. Im Grunde rührte sich niemand, niemand reagierte auf sie oder auf mich. Zwei Frauen, die in eine drittklassige Männerwelt eindrangen.

Ich kehrte zu Ernests Tisch zurück. Nervös und schweigend saßen wir eine Weile da.

– Mich würde interessieren, was Joseph Conrad von *Apocalypse Now* halten würde, sagte ich, hauptsächlich, um das Eis zu brechen.

– Das ist ein Gerücht, sagte Ernest. An dem Ganzen ist nichts wahr.

– Woran ist nichts wahr?

– Dass der Film ein Neuaufguss von *Herz der Finsternis* ist.

– Na ja, klar, das stimmt nicht, aber der Film spielt darauf an. Hat sogar Coppola gesagt. Wie Coppola einen

Klassiker in einen modernen Klassiker verwandelt hat, macht den halben Reiz des Films aus.

– Ein Klassiker des zwanzigsten Jahrhunderts, er ist nicht mal mehr modern.

Plötzlich neigte sich Ernest mir zu.

– Wer hat das finsterste Herz? Brando oder Sheen?

– Sheen, erwiderte ich, ohne zu zögern.

– Warum?

– Er wollte weiterleben.

Der Barkeeper brachte die Flasche und stellte ein Schnapsglas vor Ernest ab. Bedienen Sie sich, geht aufs Haus, sagte er. Ernest schenkte sich randvoll ein. Die verdünnen das Zeug, erklärte er mir und trank den Tequila ziemlich rasch aus.

– Alles kommt aus dem Herzen. Dem betrunkenen Herzen. Warst du schon mal betrunken? Richtig betrunken? Ich meine, tagelang, verloren in der Romantik alles Schäbigen, geworfen in den Strudel der Absurdität.

Genau das sagte er und schenkte sich noch einen Tequila ein. Mir fiel ein, dass ich ihn immer nur Kaffee hatte trinken sehen. Natürlich wusste ich wenig über ihn. Seinen Nachnamen kannte ich zum Beispiel nicht. Aber so ist das manchmal. Man kennt einen halbwegs Fremden wie keinen anderen. Keine Nachnamen, keine Geburtsdaten, kein Herkunftsland. Nur Augen. Seltsame Spleens. Kleine Hinweise auf eine Gemütsverfassung.

– Der wird die verdammte Mauer bauen, sagte er, und das Geld kommt aus den Taschen der Armen. Alles verändert sich mit einer Geschwindigkeit, die wir uns nie erträumt hätten. Wir werden über Atomkrieg reden. Pestizide werden eine Nahrungsmittelgruppe sein. Keine Singvögel, keine Wildblumen. Nichts als sterbende Bienenstöcke und Reiche, die vor einem Raumschiff Schlange stehen, um eine Nacht auf dem Mond zu verbringen.

Dann verstummte er. Wir schwiegen beide. Ernest wirkte müde, man sah ihm die Spuren des Lebens deutlicher an als vor einem Jahr. Ich spürte eine bittere Traurigkeit, die den Raum durchdrang. Sie stieg auf wie ein erstickendes Gas, und die wenigen versprengten Gäste blickten auf, als hätten sie ein weinendes Kind gehört.

– Ich bin wegen Tangier Island hier, murmelte er.

Ich stand auf, schrieb *Tangier Island* in mein Notizbuch und steckte es wieder in meine Gesäßtasche. Ernest nickte leicht, gab mir aber nicht zu verstehen, dass ich bleiben sollte. Ein Penny lag auf dem Boden, und ich bückte mich, um ihn aufzuheben. Als ich hinausging, hatte ich das Gefühl, dass, wenn ich wieder zurückkäme, und sei es nur einen Augenblick später, alles anders wäre. Plötzlich Technicolor, mit der neuen Barkeeperin samt ihrer Perücke, vollem Make-up, frisch gereinigtem Kleid.

Ich ging nach draußen und setzte mich auf eine Bank

in der Nähe. Was wollte Ernest in Virginia Beach? Das wenige, was ich über ihn wusste, ließ auf irgendeine Mission schließen. Andererseits fragte er sich vielleicht dasselbe über mich. Ich war spontan gekommen, aus rein nostalgischen Gründen. Ein Bus nach Richmond, nur um den James River zu sehen, an dem ich einst mit meinem Bruder Todd stand und wir uns über Edgar Allan Poe und Roberto Clemente unterhielten, seinen Lieblings-Baseballspieler. Todd mochte Paul Newman. Dieselben eisblauen Augen. Dasselbe bescheidene Selbstvertrauen. Auf ihn war immer Verlass. Nur nicht darauf, dass er am Leben blieb.

Ein paar weitere Nachzügler, ein Typ, der seinen Hund ausführte, eine alte Chinesin mit Holzsandalen und dicken Socken, neben ihr ein Enkel mit einem überdimensionalen roten Ball. Das Rot des Balls schien zu solarisieren. Ein großer Ball aus silbrigem Blut. Der Junge hatte eine dünne Jacke an, schien aber nicht zu frieren; über dem Wasser wehte der Wind stärker, an der Promenade erstarb er.

Ich fragte mich, ob ich darauf wartete, dass Ernest herauskam, obwohl er höchstwahrscheinlich schon verschwunden war. Er wirkte bedrückt. Anders als im WOW, wo ich ihm begegnet war, ohne die aufgeregte Kraft. Etwas war vorgefallen und hatte ihn hierhergeführt. Irgendeine andere Verschwörung vielleicht, die mit Tangier Island zusammenhing. Schließlich sah ich ihn aus der Bar taumeln. Ich verspürte den Drang, ihm auf der Promenade zu folgen, aber das schien mir zu dramatisch. Ich beobachtete ihn ein paar Minuten lang und verpasste dann, abgelenkt von einer herabstoßenden Möwe, den Moment, als und wo er abbog. Nach der vertanen Gelegenheit dachte ich daran, mir ein Zimmer zu suchen. Ich hatte viel Bargeld bei mir, Kreditkarte, Notebook und eine Zahnbürste. Ein Junge auf einem Fahrrad näherte sich meiner Bank und stieg ab.

– Entschuldigen Sie, sagte er. Ein Typ namens Ernest hat gesagt, ich soll Ihnen das geben. Er reichte mir eine braune Papiertüte.

Ich blickte hoch und lächelte. Wo ist er jetzt?, fragte ich.

– Keine Ahnung, er wollte nur, dass ich Ihnen das gebe.

– Danke, sagte ich und suchte in meiner Tasche nach einem Dollar.

Ich hätte noch einige Fragen gehabt, doch er sprang schon wieder auf sein Fahrrad und fuhr weiter. Ich sah zu, wie er immer kleiner wurde, bis er mit dem Horizont verschmolz wie eines von Magellans Schiffen. Seufzend öffnete ich die Tüte und nahm ein abgegriffenes Taschenbuch heraus, die englische Übersetzung vom *Teil der Kritiker,* versehen mit vielen spanischen Anmerkungen. Ich blätterte zu den Träumen vom Wasser, wo die Pin-up-Blondine, die Kritikerin unter uns, eine Leerzeile erwähnt hatte. Beim Lesen der Stelle wurde ich unruhig und sehnte mich zurück in eine Stadt. Eine unversöhnliche Stadt. Mit niedrigen Häusern. Mexico City 1949. Miami 1980. Die hinterhältigen Finger der Erinnerung raschelten im Unterholz wie die zerstückelte Hand des Pianisten, die sich in *Die Bestie mit den fünf Fingern* Peter Lorres Hals nähert. Einer der Lieblingsfilme meines Bruders Todd, und der Gedanke an ihn löste andere Szenen aus, ohne Drehbuch, Bilder aus dem Leben. Todd, lächelnd in der Sonne auf dem Grundstück, wo er für seine Frau und Tochter ein Haus bauen wollte. Todd, mit einer Zigarette im Mundwinkel über einen Billardtisch gebeugt. Die Fahrt durch Pennsylvania in einem Truck ohne Heizung und die kleinen Wolken, die sich formten, als wir bei Oldies im Radio mitsangen. *My Hero. Butterfly. I Sold My Heart to the Junkman.* Nicht jetzt, sagte ich, schüttelte die Erinnerung ab, schlug das Buch wieder auf und begann am Anfang. Die Kritiker wirkten lebendiger als die Leute, die an mir vorbeigingen, und plötzlich war das Meer nicht mehr länger das Meer, sondern ein Hintergrund für Worte, einige der größten Wortfolgen des einundzwanzigsten Jahrhunderts.

Als ich aufblickte, war die Zeit verflogen, als hätte sie sich mit ihrem eigenen winzigen Flugzeug davongemacht. Ernest stand nicht weit entfernt von mir. Er wirkte völlig beherrscht, kein bisschen betrunken. Ziemlich erleichtert ging ich auf ihn zu, war aber nicht bereit, mich wieder mit ihm im Kreis zu bewegen.

– Ich bin nur eine Schriftstellerin, sagte ich müde, mehr nicht.

– Ich bin nur ein Mexikaner, der an die Wahrheit glaubt.

Ich sah ihn scharf an. Er zierte sich ein bisschen, dann lachte er.

– Na schön. Mein Vater war Russe, ist aber früh gestorben.

– Hieß dein Vater Ernest?

– Nein, aber er *war* ernst.

Noch während ich lächelte, überkam mich eine leichte Melancholie. Eine rasch gezückte Brieftasche, eine Hand, die ein Foto herauszog, von einer Frau in einem dunklen Blümchenkleid mit einem Jungen in kurzen Hosen, das Haar ordentlich gekämmt. Ernests Blick zeigte mir, dass er wusste, was ich gerade sah.

– Warum Tangier Island?, fragte ich schließlich.

– Seit Hurrikan Ernesto dort gewütet hat, verschwindet die Insel im Meer. Ich muss Wiedergutmachung leisten.

Ich sah Wolken an Land ziehen. Regen, dachte ich.

– Weißt du, an einem der ältesten Häuser in Amerika ist auf einer Holztafel ein Spruch auf Altenglisch eingraviert. *Dies ist Tangier Island. Wie es der Insel ergeht, ergeht es auch uns.*

– Hast du das wirklich gesehen?, fragte ich.

– Solche Dinge sieht man nicht. Man fühlt sie, wie alle wichtigen Dinge; sie kommen, sie dringen in deine

Träume. Du zum Beispiel, fügte er schüchtern hinzu, träumst gerade.

Ich wirbelte herum. Wir standen wieder vor dem drittklassigen Café.

– Siehst du, sagte er mit einer Stimme, die mich entfernt an eine andere Stimme erinnerte.

– Du bist das Dream-Motel-Schild, platzte ich hervor.

– Es heißt Dream Inn, sagte er und verschwand.

EINE ART EPILOG

Erst starb Muhammad Ali, dann Sandy und Castro und Prinzessin Leia und ihre Mutter. Es passierte viel Schlimmes, aus dem noch Schrecklicheres entstand, und dann kam die Zukunft und ging, und wir sind hier und sehen immer noch denselben menschlichen Film, eine lange Kette von Verlusten, die sich in Echtzeit auf gewaltigen Bildschirmen abspielt. Herzzerreißende Ungerechtigkeiten prägen die neuen Lebensumstände. Das Jahr des Affen. Der Tod des letzten weißen Rhinozeros. Die Verwüstung Puerto Ricos. Das Massaker an Schulkindern. Die herabsetzenden Worte und Taten gegen unsere Migranten. Der verwaiste Gazastreifen. Und was ist mit dem Leben in unserer unmittelbaren Nähe? Was mit dem stoischen Autor, der eine Miniatur der Welt in seiner tätowierten Hand hielt? Was wird aus ihm?, hatte ich mich gefragt, während ich zwischen New York und Kentucky hin- und herpendelte. Als ich anfing, dieses Buch zu schreiben, wusste ich es noch nicht, und ganz gleich, ob man schnell vorspult oder zurückblickt, die Zeit folgt ihrem eigenen Gesetz, sie geht immer weiter und bringt Neues, das man nicht ändern und nicht schnell genug aufschreiben kann. Über dieses Phänomen haben Sam und ich oft gelacht: man schreibt in der Zeit, dann ist sie vergangen, und wenn man versucht sie einzuholen, schreibt man ein völlig anderes Buch, wie Pollock, der den Kontakt zu einem Gemälde verlor und ein ganz anderes Bild schuf, und wenn er den Faden zu beiden verlor, trat er Glaswände ein. Ich kann nur sagen, als ich Sam zum letzten Mal sah, war sein Manuskript fast fertig. Wie ein kleiner Monolith lag es auf dem Küchentisch und umfasste das nicht Fassbare, ein helles Schimmern, das sich nicht auslöschen ließ. Warum Vögel?, schrieb Sam. Warum Vögel?, wiederholte seine Schwester. Ihr Lied wehte aus einem Gettoblaster, halb verdeckt von einem Sandhaufen. Warum Vögel?, rief der alte Mann. Und sie schlugen ihre Flügel, bildeten ihre Formation, um sie wieder aufzulösen und zu verschwinden. Was passierte mit dem Autor? Die Antwort findet sich nun in einem Epilog, der nicht als solcher gedacht war, aber zu einem wurde, denn man kann nur versuchen, Schritt zu halten mit Hermes, der in seinen Flügelsandalen vor uns herrast. Was können wir tun, außer die Wahrheit zu sagen? Sam Shepard erklomm nicht die Stufen einer Maya-Pyramide, er bestieg nicht die gewölbte Flanke eines heiligen Berges. Stattdessen glitt er galant in den großen Schlaf, genau wie die Kinder der toten Stadt, die Laken aus Wachspapier über Berge von Leichen ausbreiteten, die dem Paradies entgegeneilten. Man kommt dort schneller an, wenn man auf Wachspapier hügelabwärts gleitet, das weiß jedes Kind. Ich weiß nur so viel: Sam ist tot. Mein Bruder ist tot. Meine Mutter ist tot. Mein Vater ist tot. Mein Mann ist tot. Meine Katze ist tot. Und mein Hund, der 1957 starb, ist immer noch tot. Trotzdem glaube ich nach wie vor, dass bald etwas Wunderbares passiert. Vielleicht morgen. Ein Morgen, dem eine ganze Reihe von Morgen folgt. Doch wenn ich zurückgehe zu dem Moment, der bereits vorbei ist, so stand ich allein in Virginia Beach und war plötzlich die Dumme mit der Tüte in der Hand. Die braune Papiertüte mit dem abgegriffenen Exemplar von *Der Teil der Kritiker.* Ich stand da und versuchte, die absurde Wahrheit von Ernests Pointe zu erfassen. Komm schon, sagte ich zu dem Spiegel, einem, der aus einer Puderdose gefallen war, an der die Vergoldung abblätterte. Komm schon, sagte ich zu einem Auge und dann zu dem wandernden anderen, fokussiert euch. Ihr müsst das ganze Bild erfassen. Der Spiegel glitt aus meiner Hand, und als er auf dem Boden aufschlug, hörte ich Sandys Stimme sagen *Scherben der Liebe, Patti, Scherben der Liebe.* Und dann ging ich in die andere Richtung, die längere Strecke der Promenade. Niemand weiß, was geschehen wird, dachte ich, nicht wirklich. Andererseits, was wäre, wenn man die Zukunft durch ein Teleskop sehen könnte? Wenn dort, auf der Promenade, ein Sucher wäre, der sich durch ganz 2017 in das folgende Jahr des Hundes projizierte? Was würde man sehen? Welche spektakulären und schrecklichen Wendungen des goldenen Seils, das sich hier und da auflöst, vom Anfang bis zum Ende? Ein paar Kerben, ein paar Millionen Kerben. Den Tod des Autors, die Verwandlung eines Freundes, die gesprenkelten Augen von Jesus Christus, die Flächenbrände in Südkalifornien, den Einsturz des Silverdome und Männer, die, geschnitzt aus dem Gewicht jahrhundertelanger Verfehlungen, wie Schachfiguren stürzen, die Massaker an Gläubigen und immer wieder Gewehre, Gewehre, Gewehre. Und da, an einem Nachmittag im Winter, da auf der Karte, wo die drei großen Religionen einst einträchtig über den Marktplatz zogen, wo David siegte, wo Jesus dahinschritt, wo Mohammed sich erhob. Seht beschämt, wie Pilger verjagt werden, wie Truppen sich bereit machen, und wer weiß, wann der erste Stein geworfen wird. Die neutrale Hauptstadt, missbraucht als neue kapitalistische Festung. Soll der Olivenbaum verdorren? Sollen die Berge erbeben? Werden künftige Kinder nie die Süße der Brüderlichkeit kosten? Ich ging weiter mit dem Gefühl, dass die Promenade weder Anfang noch Ende hatte. Ich wusste, irgendwo auf den Bohlen war ein Teleskop montiert, und ich war entschlossen, es zu finden, nicht unbedingt ein Teleskop, aber ein Instrument, das über den Horizont des Irdischen blickt, hier, direkt auf der Esplanade. Ein Instrument, in das man einen Vierteldollar steckt, um die fernen, einst von wilden Pferden bewohnten Inseln zu sehen – sagen wir, Cumberland Island oder auch Tangier Island.

Da meine Taschen voller Münzen waren, ließ ich mich nieder und konzentrierte mich erst auf ein Frachtschiff, dann auf einen Stern und wieder auf die Erde. Ich sah tatsächlich diese Kugel, unsere Welt. Ich war im All und konnte alles sehen, als gewährte mir der Gott der Wissenschaft einen kurzen Blick durch seine persönliche Linse. Die rotierende Erde offenbarte sich langsam und in höchster Schärfe. Ich sah jede Ader, die auch ein Fluss war. Ich sah die wabernde, krank machende Luft, die kalte Meerestiefe und das große ausgeblichene Riff von Queensland und zu Kalk erstarrte Gottesanbeterinnen und leblos dahintreibende Organismen und wilde Ponys, die durch die Sümpfe der Inseln vor der Küste Georgias galoppierten, und die Gebeine von Hengsten in den Abdeckereien North Dakotas und ein Rudel safrangelber Hirsche und die großen Dünen des Lake Michigan mit heiligen indianischen Namen. Ich sah den Mittelpunkt, der sich auflöste, und, wie Ernest beschrieben hatte, eine kleine Insel gleich dem Nabel einer Orange, die nach Luft schnappte, und eine riesige Schildkröte und einen vorbeiflitzenden Fuchs und mehrere alte Flinten, die im hohen Gras verrosteten. Da waren alte Männer, die Felsen erklommen und mit gefalteten Händen in der Sonne lagen. Da waren kleine Jungen, die Wildblumen zertrampelten. Und ich sah frühere Zeiten. Glocken läuteten, Kränze wurden geworfen und Frauen drehten sich im Kreis, und da waren Bienen, die den Kreislauf des Lebens tanzten, starke

Winde, geschwollene Monde und bröckelnde Pyramiden, heulende Kojoten und schäumende Wellen, und alles roch nach dem Ende und dem Anfang der Freiheit. Ich sah meine Freunde, die tot waren, meinen Mann und meinen Bruder. Ich sah jene, die als wahre Väter galten, ferne Hügel besteigen, und ich sah meine Mutter mit den Kindern, die sie verloren hatte, wieder vereint. Und ich sah mich mit Sam in seiner Küche in Kentucky, wo wir uns über das Schreiben unterhielten. Am Ende, sagte er, ist alles Stoff für eine Geschichte, was vermutlich heißt, dass wir alle Stoff sind. Ich saß auf einem Holzstuhl mit gerader Lehne. Er stand da und sah wie immer auf mich herab. *Papa Was a Rolling Stone* lief im Radio, das aussah wie aus den Vierzigern, mit braunem Tweed. Und während er mir das Haar aus den Augen strich, dachte ich, das Dumme am Träumen ist, dass wir irgendwann aufwachen.

EPILOG EINES EPILOGS

Ich beschwöre euch alle. Dämpft Angst mit Vernunft,
Panik mit Geduld und Unsicherheit mit Bildung.

– Abdu Sharkawy –

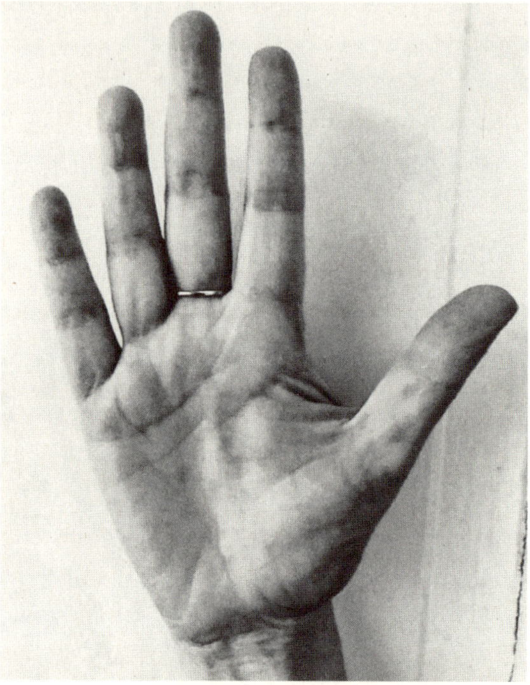

Es liegt in unseren Händen

Das Jahr des Affen ist längst vorbei, und wir haben eine neue Dekade betreten, eine, die bisher mit wachsenden Herausforderungen und einer systemischen Benommenheit verlaufen ist, wenn auch nicht unbedingt veranlasst durch Krankheit oder Bewegung. Einer eher psychischen Benommenheit, die wir auf jede denkbare Weise bewältigen müssen. Obwohl das neue Jahr hoffnungsvolle Botschaften enthielt, sind unsere persönlichen und globalen Sorgen von einem tiefen Mangel an Urteilsvermögen überschattet worden.

Wir begrüßen das Jahr 2020, während unser verfassungsmäßiges moralisches Zentrum auf eine zunehmend unmoralische Weise umgestaltet und von Leuten regiert wird, die vorgeben, über christliche Werte zu bestimmen, gleichzeitig aber den Kern des Christentums – die Nächstenliebe – umgehen. Sie wenden sich von den Leidenden ab und folgen bereitwillig einem, dem es an echter Empathie für das menschliche Befinden fehlt. Ich hatte mir für unser neues Jahrzehnt ein schöneres Szenario erhofft und mir vorgestellt, es würden sich festliche Tafeln öffnen wie die Flügel des großartigen Genter Altars an Feiertagen und 2020 als ein Jahr mit guten Aussichten präsentieren. Vielleicht waren diese Erwartungen naiv, aber sie waren aufrichtig empfunden, genau wie die Verzweiflung über die Ungleichheit, ein dunkler Fleck, der nicht verschwindet.

Wo ist das Licht? Wo ist die weise Gerechtigkeit?, fragen wir und behaupten uns mit unseren geistigen Fähigkeiten, belastet mit der Pflicht, ausgewogen zu bleiben in unausgewogenen Zeiten.

Eine echte Metallratte

EINE TAFEL FÜR DAS JAHR DER RATTE

Im Kanon der Mondastrologie gibt es eine Redensart, die besagt, dass der Affe die Ratte braucht. Ich bin mir nicht sicher, in welcher Hinsicht, auch wenn manche behaupten, Ratten seien in der Lage, niedergeschlagene Affen aufzuheitern, denn wenn sie zusammen sind, sei die Luft von Lachen erfüllt. Natürlich sprechen wir nicht nur von der Spezies an sich, sondern von gewissen Eigenschaften, die den im Jahr dieses Zeichens Geborenen zu eigen sind. Jedenfalls treten wir in genau diesem Moment in das Mondjahr der Metallratte ein, das besonders in großen Städten mit lebendigen Chinatowns mit aufwendigem Feuerwerk, heiligen Löwentänzen, Konfetti und buntem vom Himmel fallenden Lametta rauschend gefeiert wird. Festlichkeiten, die am 10. Februar, wenn der volle Schneemond aufgeht, eine Parade mit Umzugswagen und Drachen und Nachbildungen des Namenspatrons für dieses Jahr krönt. In einer abstrakten Geste der Solidarität wühle ich in einer Schachtel mit alten Platten und grabe Frank Zappas *Hot Rats* aus. Das Mädchen auf dem Cover, das aus einem menschenleeren Swimmingpool aufsteigt, ist Miss Christine, die zerbrechliche viktorianische Schönheit der Girls Together Outrageously, bekannt als die GTO's.

Hot Rats kam Ende 1969 heraus. Zur selben Zeit lebte ich mit Robert Mapplethorpe im Chelsea Hotel, und wir unterhielten

Die aufsteigende Miss Christine, fotografiert von Andee Eye

uns in der Lobby oft über Miss Christine. Sie war ein ätherisches Wesen, mit einer noch wilderen Mähne als meiner und Haut wie Pfirsichflaum. Irgendwann Anfang 1970 fragte sie mich, ob ich in ihre Band einsteigen möchte, was mir sehr schmeichelte, auch wenn es nicht die richtige Berufung für mich war. Als ich ihre schmale Hand drückte, hatte ich den Eindruck, als stünde ich einem zarten Raubvogel gegenüber. Über ein halbes Jahrhundert ist seitdem vergangen, was schwer zu fassen ist, denn ich sehe sie immer noch vor mir, die großen Augen, leise sprechend, den Kopf geneigt, die schöne Tochter eines Piraten, die keine dreiundzwanzig wurde. Mit einem Nicken in Richtung Zappas jungem Schützling hole ich die Platte aus der Hülle, untersuche sie sorgfältig und entdecke winzige Kratzer, wie die Pfotenabdrücke eines kreisenden Rattenrudels.

Ein Plattenteller dreht sich zurück durch die Zeit. Ich lege die Hülle auf den Schreibtisch und verdecke damit einen kleinen Tenniel-Druck von Alice im Gespräch mit dem Dodo. Daneben steht ein Geburtstagsgeschenk von einem lieben Freund, eine mit Gold überzogene, aufrechte Kristallratte, die ich Ratty getauft habe. Sie wird als mein lunarer Talisman über mein Zimmer walten. Denn so funktioniert es; wir blicken mit ungetrübtem Optimismus auf die kommende Metallratte, denn jedes neue Jahr beginnt mit dem ihm vorbestimmten Mondwesen, das charakterisiert ist durch sein besonderes Rüstzeug und seine einmalige Persönlichkeit, und dem festen Glauben, dass alles bald besser wird.

TAFEL DER FESTLICHKEIT

B*ald wird alles besser.* Genau das schrieb ich vor ein paar Tagen in Erwartung der weltweiten Feierlichkeiten, die Atmosphäre bereits aufgeladen mit der Bereitschaft für das Neue. Die Metallratte ist das erste Zeichen im Zwölf-Tiere-Zyklus der chinesischen Astrologie und steht normalerweise für optimistische Erneuerung. Leider jedoch hat eine unvorhergesehene Wendung, die plötzliche Bedrohung durch eine globale Pandemie, den Einzug der Metallratte manipuliert, die Gemüter gedämpft und die Parade definitiv verregnet. Während China am Rande des Shutdowns stand, fragte ich mich, wie es wohl auf unseren Straßen aussah und ging mit Lenny Kaye nach Chinatown, in der Hoffnung, Reste der Eröffnungsfeier zu finden, den ganzen glitzernden Müll und vielleicht bunte Ratten auf Stöcken, geschmückt mit rotgoldenen Luftschlangen, ganz zu schweigen von allgemeiner Freude. Das waren unsere kindlichen Erwartungen, überfüllte Straßen, keine Parkplätze, doch zu unserem Erstaunen gab es jede Menge. Wir saßen im Silk Route Café und tranken eine Kanne braunen Reistee, dann schlenderten wir durch die Straßen und suchten nach Spuren ausgelassener Freude.

Trotz des frühen Abends waren die Straßen auf unheimliche Weise verlassen, nur ein paar Fußgänger. Bis auf unser geliebtes Wo Hop wirkten die Restaurants leer, und wir hatten Mühe, irgendwelche Zeichen für die erste Runde der Festlichkeiten zu finden. Ich nahm an, dass wir für eine Party zu spät dran waren und für die nächste zu früh.

Am Rand der Mott Street liegen strähnige Lamettareste und kleine Konfettihäufchen. Wo sind die mit Wünschen beschriebenen Papierbänder, die hinter den Drachen im Wind wehen und mit Sicherheit in Erfüllung gehen, wenn sie im richtigen Lichtwinkel eingefangen werden? In China sieht es düster aus für die Feiernden, die sich auf die größte Party des Jahres vorbereiten. In einem Schnellverfahren hat Peking alle großangelegten Ereignisse gestrichen, sogar Tempelfeste, während das tödliche Coronavirus sich heimtückisch ausbreitet. So viel zur Ankündigung der armen Metallratte, die mit mehreren Millionen Menschen in Quarantäne sitzt. Die Virushysterie wächst, weil die Krankheit von Wuhan auf benachbarte Häfen übergesprungen ist, was Reiseverbote und geschlossene Grenzen zur Folge hat. Eine Schutzmaske lag eingerollt im Rinnstein neben unserem Parkplatz. Um eine Ansteckung zu verhindern, tragen viele solche Masken. Manche tragen zwei, eine über der anderen. »Ich habe eine Ratte auf meine gezeichnet«, ruft ein aufsässiger Bürger. »Und auch wenn man uns um unsere lunare Geschlossenheit betrügt, werde ich heute Abend mit Wunderkerzen feiern.« Denn trotz der verbotenen Feierlichkeiten suchen die Menschen Möglichkeiten, ihre fröhlichen Traditionen auszuleben. Sie stampfen mit den Füßen auf mit einer Hingabe, die an Bruegel erinnert, und halten an der Gewissheit fest, dass die Welt sich weiterdrehen wird und das lunare Neujahr immer stattfinden wird, solange es einen Mond und seine vier Phasen gibt.

St-Nikolaus-Kirche

EINE EINZIGARTIGE TAFEL

Okay, da ist einiges schiefgelaufen, aber wie können wir trotz der schlechten Nachrichten mit der Metallratte in Verbindung treten und feiern? Diese widersprüchlichen Fragen begleiten mich auf meinen nachdenklichen Spaziergängen durch die belagerten Straßen der Stadt. Selbst in den kleinsten Gassen gibt es Bauarbeiten, ständig wird umgestaltet, Gemeinschaftsgärten werden ausgebaggert, um Platz zu schaffen für moderne Anbauten, überall Trümmer und Abfallcontainer. Die ständige Belästigung treibt unsere Ratten aus ihren unterirdischen Löchern. Zwar sind hier schon immer Ratten gewesen, wenn auch verborgen, doch wegen des herzlosen Abrisses ganzer lang gepflegter Straßenzüge in letzter Zeit brauchen wir auf jeden Fall den Rattenfänger von Hameln. Auf meinem abendlichen Spaziergang kann ich beobachten, wie sie in dunklen Rudeln durch das Labyrinth von Gerüsten rennen, Müllsäcke in Stücke reißen, die Reste unseres übermäßigen Mülls auf unseren Wegen verstreuen und ihre weniger aggressiven Brüder und Schwestern anziehen. Die ständige Beschäftigung mit den Ratten animiert mich dazu, einen Blick in William Burroughs' *Exterminator!* zu werfen. Aber ich merke schon bald, dass der Protagonist nicht auf der Spur von Ratten, sondern von massiven kafkaesken Insekten ist.

In derselben Nacht träumte ich, dass William hinter einem zerschlissenen Samtvorhang erschien und eindringlich zu mir sagte: »Geh dieser Denton-Sache nach.« Ich hatte nicht die geringste Ahnung, was er damit meinte, nickte aber und begab mich aus meinem Traum zum Frühstück. Es gibt Rätsel, die gelöst werden müssen, und es gibt Rätsel, die sich von selbst lösen. Und in einigen Fällen wird uns die Pointe im Schlaf geliefert, auch wenn Träume mitunter vertrackt sind und voller interessanter, aber irreführender Ablenkungen, Straßen, die keine Straßen sind.

Beim Kreisen in diesem mentalen Irrgarten fiel mir auf, dass der Kalender den 5. Februar anzeigte. Williams Geburtstag. Ich beschloss, etwas von ihm zu lesen und stöberte eine signierte Fahne von *Queer* auf. Dann ging ich in ein Café, bestellte einen Kaffee und las nochmals die Einleitung, ein berührendes Stück Bekenntnisliteratur. An der Stelle, wo William verriet, dass der versehentliche tödliche Schuss auf seine Frau Joan ihn zum Schriftsteller machte, hielt ich inne, überwältigt von einer Flut von Erinnerungen; plötzlich spürte ich die schmerzliche Trennung und vermisste seine zuverlässige Wärme, selbst aus der großen Entfernung.

Dann wechselte William unvermittelt zu der spirituellen Nähe, die ihn mit dem Schriftsteller Denton Welch verband, als er den Roman *The Place of Dead Roads* schrieb. Das ließ mich unvermittelt innehalten. *Geh der Sache mit Denton nach,* sagte er. Ich recherchierte sofort, ob Welch eine reale Person war, und tatsächlich, er war ein in Shanghai geborener, englischer Schriftsteller, der 1948 mit nur dreiunddreißig Jahren starb, zufällig an meinem zweiten Geburtstag. Ich hatte das Gefühl, dass William mir nicht nur eine Leseliste im Rahmen eines Traums empfahl. Da musste noch mehr sein. William hatte Denton gechannelt, während er schrieb, und dessen Energie auf eine Weise, die nur er kannte, in sein eigenes Werk einfließen lassen. Wir hatten oft über diese Art von Verbindung diskutiert, über die phantasmagorische Landschaft, durch die wir uns täglich bewegen, ohne sie laut zu erwähnen. Wahrscheinlich wollte William mich daran erinnern, dass wir nie allein sind. So wie Denton bei William war, ist dort draußen irgendjemand bei mir und spornt mich in Form von Tausenden kleinen, gebündelten elektrischen Strömen zu einer Vielzahl von Möglichkeiten an. Es ist direkt vor deiner Nase, sagt er mit seiner tiefen, kratzigen Stimme. Wechsle den Gang.

»Ja, William«, flüstere ich und stelle mir eine Metallweste vor, leicht wie ein Schleier, die ein wenig moralischen Schutz bietet. Immerhin haben wir das Jahr der Ratte, einer gewieften Überlebenden, und wenn wir vorsichtig das Schicksal des kommenden Jahres vorhersehen, müssen wir uns die widerstandsfähigen Eigenschaften der Ratte zulegen und uns den Enthusiasmus bewahren, weiterhin produktiv zu sein, den Mut, unseren Widersachern entgegenzutreten, und den Willen, alles zurechtzurücken.

Sein menschenähnliches Gesicht

DIE LACKIERTE TAFEL DER GLOBALEN AUSREISE

Und wieder wache ich vor Tagesanbruch auf, vielleicht weil ich den zunehmenden Schneemond spüre. Doch da ist kein Schnee, nur endloser Regen, und obwohl es eigentlich Nacht ist, ist es nicht Nacht, der Himmel ist finster und es scheint, als sei der Mond herabgefallen und presse seine milchige Oberfläche an die vier schmutzigen Glasscheiben meines Oberlichts. Ich spüre eine beklemmende Traurigkeit, stehe auf, ziehe eine Jacke über und gehe in Richtung Ecke. Die Ratten stieben auseinander, in der Ferne stöhnt eine Alarmanlage, und ein einziges Auto fährt vorbei. Die Februartemperaturen steigen und sinken wie die Launen der Herzkönigin in der Schachbrettwelt des Wunderlandes. Der für die Jahreszeit ungewöhnlich warme Regen verwirrt die Insekten und Vögel. Da um diese Zeit keine Cafés geöffnet haben, kehre ich, nunmehr selbst ziemlich finster, in mein Zimmer zurück. Der Regen prasselt auf das Oberlicht. Aprilschauer im Februar. Der Mond ist voll, aber nicht zu sehen, verschmolzen mit den dichten Nachtwolken. Die Katze miaut. Sie will etwas zu fressen, obwohl es erst fünf Uhr früh ist. Ich lege mich wieder hin und frage mich, warum nicht weniger als tausend Spatzen aus den Bäumen herabstoben und sich auf einem Feld sammelten, wo ein Freund mit seinem Hund umherstreifte.

Die Vögel tauchten in Schwärmen auf und landeten dann alle um die beiden herum, unbeeindruckt von seiner Anwesenheit oder dem unaufhörlichen Bellen des Hundes. Im Halbschlaf driftete ich in eine andere Landschaft und fand mich auf einem riesigen Feld voller Windmühlen wieder. Die modernen aus Metall, die mit der schnittig-schönen, viel geschmähten Concorde verwandt sein könnten. Ich näherte mich ihnen durch Unrat und Sumpf, bis ich den Sockel von einer berühren konnte, was mich mit großer Erleichterung erfüllte, fast so wie in Uluru, als ich meine Hand auf die rote Haut des Ayers Rock legte. Und währenddessen dachte ich die ganze Zeit, ich müsste irgendwo sein, wäre zu spät dran und sollte weitergehen.

In der Sonntagszeitung stand ein Artikel über eine Ausstellung, Jan van Eyck: Eine optische Revolution, die sich auf den kleinen Korpus seines Werks konzentriert, mit wichtigen Tafeln des Genter Altars und fast einhundert dazu passenden Meisterwerken aus dem späten Mittelalter. Die frisch restaurierte *Anbetung des Lammes,* das Zentrum des Altars, war für kurze Zeit in seinem jetzigen Raum in der St.-Bavo-Kathedrale zu sehen. Ich hielt die Luft an. W.H. James Weales dickes Buch *Hubert and Jan van Eyck: Their Life and Work* liegt auf meinem Arbeitstisch. Es ist reine Detektivliteratur, die noch den kleinsten Hinweis auf das Wirken der unglaublichen Brüder festhält. Ich habe so oft an die beiden gedacht, dass ich mich einmal in ihrem Reich befand und ihnen so nah war, dass ich mit einem kleinen Farbklecks auf dem Ärmel in mein eigenes zurückkehrte. Diese Form der mentalen Teleportation war ein weiteres Thema, dem William und sein *Third-Mind*-Partner Brion Gysin sehr zugetan waren, und wir machten uns oft Gedanken über die unendlichen Möglichkeiten, die es barg.

Es scheint, als sei das mystische Lamm plötzlich im öffentlichen Bewusstsein angekommen. Alle neun Tafeln des restaurierten Altars werden im Frühjahr wieder zusammengeführt, aus konservatorischen Gründen eingeschlossen hinter einer Glaswand in einem neuen Trakt der Kathedrale. Ich hege eine neidische Verbundenheit mit den Restauratoren, die mit ihren Skalpellen und Micro Magnifiers hautnahen Kontakt mit dem Handwerk des Künstlers erleben. Ich frage mich, ob sie sich bei ihrer konzentrierten Arbeit auch in das Atelier der Künstler versetzt fühlten, eingeweiht in den künstlerischen Prozess, um vor Ort dem Auftauchen eines gesegneten Lammes beizuwohnen.

Es ist das Antlitz des Lammes, das die Aufmerksamkeit des Publikums besonders auf sich zieht, denn beim Abkratzen der jahrhundertealten Farbschichten haben die Restauratoren sein wahres Gesicht freigelegt. Man stelle sich das Staunen vor, als die letzte hauchdünne Schicht verblassten Lacks entfernt wurde, um ein gänzlich neues, zurückstarrendes Gesicht zu offenbaren, ein ausgesprochen menschenähnliches. In einem Moment ekstatischer Verzweiflung verspüre ich den Wunsch, es mit eigenen Augen zu sehen. Ein Blick auf den Kalender zeigt mir, dass ich trotz vieler Verpflichtungen tatsächlich ein Fünf-Tage-Fenster habe, Zeit genug, um mich auf den Weg zu machen. Bedauerlicherweise kann ich mich nicht nach Gent beamen wie Captain Picard sich auf die Oberfläche des Planeten Vashti gebeamt hat, aber ich kann mich beeilen. Ich tausche meine gesamten Vielfliegermeilen für ein Ticket nach Brüssel, packe eine kleine Tasche, sorge dafür, dass die Katzen gefüttert werden und buche einen Fahrer, um mich nach Gent zu bringen. Und dann bin ich, auch wenn mich ein Anflug von Angst befällt, einfach so wieder unterwegs.

Alles, was man sich wünschen kann

DIE TAFEL DER KLEINEN HINWEISE

Mein kleiner Koffer wurde bei der Sicherheitskontrolle stichprobenartig überprüft. Da es den Anschein hat, dass ich regelmäßig zufällig ausgewählt werde, verzichtete ich auf Sarkasmus und bewahrte mir meinen Sinn für Humor, in der Gewissheit, dass es der Panzer der Ratte war, der mich rettete. Auf der anderen Seite des Ozeans wartete mein Fahrer auf mich, als ich aus dem Flughafen kam. Er sprach perfekt Englisch und beschrieb übergangslos seine vielen Gewerbe, unter anderem war er der Gründer einer kleinen Süßwarenfirma, die sich auf Gummibonbons spezialisiert hatte.

– Keine Bärchen, sondern Autos, erklärte er stolz, etwas völlig Neues. Probieren Sie mal, verlangte er und reichte mir eine Packung mit winzigen juwelenfarbenen Gummiautos, in der Form eines VW Käfers.

– Belgien ist ein interessantes Land, sagte ich, während wir in Richtung Gent rasten. Es scheint viele Geheimnisse zu bergen.

– Und trotzdem haben wir keine Regierung, antwortete er ironisch. Unsere Demokratie wird beiseitegeschoben.

Ich muss an die Auflösung unserer eigenen denken und verstumme. Ich streiche meine innere Rüstung glatt und schwöre mir, dass in den nächsten paar Tagen nichts dieses reisende Herz brechen wird. Valentinstag in Gent. Eine dreitägige Reiseziel-Mission, die ich einzig Van Eyck widme und die hoffentlich meine unruhige Erschöpfung auflöst, mit der ich mich seit kurzem herumschlage. Wir verabschieden uns vor meinem Hotel, das keinen Kilometer von St. Bavo entfernt liegt, wo das *mystische Lamm* wohnt.

Der Frühstücksraum ist hell und freundlich. Ich trinke schwarzen Kaffee, esse kleine weiße Würstchen, Pflaumen und dunkles Brot, dann mache ich mich, nachdem ich mir eine kleine handgezeichnete Karte angesehen habe, auf den Weg.

Ich überquere eine Brücke und bleibe vor dem Erzengel Michael stehen, der wie eine kriegerische Wetterfahne hoch oben thront. Vor einem Jahrzehnt stand ich hier mit meiner Schwester Linda, und bestaunte das Panorama der Kathedralen, während sie, verzaubert vom Licht, das Wasser fotografierte. Sie hatte mich nach Gent begleitet, wo ich mit dem Filmemacher Jem Cohen arbeitete. In der Pause eilten wir los, um den Altar zu sehen, betraten St. Bavo aber gerade, als geschlossen wurde. Ich erinnere mich, dass es zu dunkel war, um das *mystische Lamm* zu sehen, doch die äußeren Tafeln wurden von einigen kleinen Glühbirnen erhellt. Ich ging um den Altar und berührte den schweren Eichenrahmen. Während meine Schwester Wache stand, machte ich in dem spärlichen Licht ein Polaroid von der Tafel, auf der die junge Maria die Verkündung erhält. Hastig steckte ich das verbotene Polaroid in meine Tasche und verließ die Kirche wie eine Kleinkriminelle mit einem illustren Geheimnis.

Die starke Verbindung, die ich in dieser kurzen Begegnung empfand, war keine religiöse, sondern eher ein physisches Gespür des Künstlers. Ich spürte die Aura seiner Konzentration, den scharfen Blick seiner prismatischen Augen. Ich schwor mir, eines Tages zurückzukehren, tat es aber nie. Stattdessen vertiefte ich mich in Bücher, ein dunkles Polaroid und das Reich der Erinnerung, die in den Zellen sitzt, vergangene Jahrhunderte aufruft und gelegentlich auch antwortet. Zurück in Gent, eilte ich nicht zu meinem ersehnten Ziel, sondern ging langsam vor, um den Weg auszukosten, der mich dorthin führte.

IN DER ST.-NIKOLAUS-KIRCHE säumten lebensgroße Heiligenstatuen den Gang zum Hauptaltar. Jeder Heilige hielt ein Symbol seiner Berufung oder seines Schicksals: einen Schlüssel, ein Buch, ein mathematisches Instrument und sogar eine goldene Säge. Ich saß in einer Bank mehrere Fuß von der Statue des hl. Bartholomäus entfernt, der ein merkwürdig modernes Küchenmesser schwang. Licht fiel durch die Buntglasfenster; ein warmes Wohlgefühl durchströmte mich, und ich schrieb den Vormittag durch.

Kinder rannten über die mit römischen Steinen gepflasterten Wege, um die Hüften Bänder gebunden, die im Wind wehten und mit den langen bunten Schwänzen von Drachen hinterherflogen. Menschlichen Drachen, dachte ich, während sie, die Rufe ihrer Mutter ignorierend, zum Himmel aufstiegen. Einem erfrischenden, rosenfarbenen Nebel entgegen, bis die rosigen Wangen der Mädchen in der wohlwollenden Nacht verschwanden und sie ganz weg waren. Als die Rolandsglocke unaufhörlich läutete, rüstete sich niemand zum Kampf, sondern alle weinten, denn keine Waffe, keine noch so große Kraft konnte die Verheerungen der Pest mindern. Niemand konnte die brennenden Karten vom Verbrennen abhalten, und die Kathedrale war überfüllt, viele Gläubige lagen auf dem Steinboden, bäuchlings, mit ausgestreckten Armen. Und alle Teilchen fielen um mich herum wie Schnee. Teile eines gefallenen Spiels, das niemand gewinnt, nur die Zeit, die mit einem solchen Tempo weiterfließt, dass ich in eine veränderte Gegenwart geschleudert werde. Eine, die eine Pandemie fürchtet und den aufkeimenden Geruch eines globalen Kriegs. Ein Spiel, alles ein Spiel, das die Natur, wenn sie verliert, auch gewinnen wird, denn es gibt das Wasser des Lebens, das gut ist, und es gibt die züngelnde Flamme, die nichts weiter ist als verirrtes Licht.

Ich spreche ein Gebet und zünde eine Kerze für die Kinder an, die wir lieben, und jene, die wir nie kennen werden. Beim Hinausgehen entdeckte ich das Bruchstück einer Skulptur in einer Nische hinter der kunstvoll geschnitzten Kanzel. Die hervorragend gegossene Hand eines Künstlers, die einen Federkiel mit einer Spitze hielt, vielleicht bereit zum Zeichnen, aber sie beschwor auch den Akt des Schreibens herauf. Ich dachte an Williams Hände und spürte ein zartes Gefühl der Verbundenheit.

In Gent war mein Schritt leichter, der Stift flüssiger, und mein reisendes Herz offen für die vielen Kammern der Welt. *Ich bin Roland*, läuteten die Glocken. Da es anfing zu nieseln, eilte ich auf der gepflasterten Straße zurück ins Hotel. Mir ging durch den Sinn, dass auf denselben Steinen Generationen von Gläubigen und Händlern und jene Kinder gegangen waren, die ich mir vorgestellt hatte, als ich in der Kirche saß und schrieb. Den ganzen Nachmittag regnete es heftig, und ich war schläfrig. Ich trank einen Schluck russischen Wodka, Marke Kaufmann, nahm eine kleine Mahlzeit zu mir und ging früh schlafen, bei laufendem Fernseher. *Miami CSI* in flämischer Synchronisation hatte die gleiche einschläfernde Wirkung wie Schafe zählen, die über Zäune aus Nebel springen.

Am Samstagmorgen schien die Sonne. Am Sonntagabend hatte ich einen Termin für eine Einzelbesichtigung der *Anbetung des Lammes* in St. Bavo, beschloss jedoch, mir den Altarflügel zuerst in der Gruppe anzusehen. Schweigend füllten alle den kleinen Bereich, der den Altar beherbergte. Jahrhundertealte Schichten von dunkel gewordenem Lack und Übermalungen waren mit chirurgischer Präzision entfernt worden und offenbarten weit entfernte Bäume und goldene Kirchturmspitzen. Wir sahen den Chor der Engel, das bewundernde Volk, die leuchtenden Falten der Gewänder der knienden Jungfrauen und die blutrote Robe von Johannes dem Täufer. Die ursprünglich aufgetragenen Ölfarben strahlten mit der Intensität des Frühlings, und überall sprenkelten Wildblumen die grünen Felder. Auf einem Podest stand das stoische Lamm, das Symbol des Opfers, und sein Blut floss in den Kelch der Gemeinschaftsoffenbarung. Und oben verströmte der Heilige Geist Strahlen der Liebe auf die Menge.

Die Brüder van Eyck, Seite an Seite

Am Sonntagmorgen drohte dunkles Wetter, ein heftiger Ausläufer der Stürme, die über England tobten. Ich schlug mich zur St.-Michael-Brücke durch, passierte die St.-Nikolaus-Kirche, den alten Belfried, das Geschäft mit den seltenen Münzen und stellte mir vor, wie sie in den Taschen der Reisenden des 15. Jahrhunderts klimperten. Dann bog ich nach rechts ab, überquerte die Straßenbahnschienen und stieß auf einen kleinen Park, den das Denkmal von Hubert und Jan van Eyck krönte. Ein hoher Kran ragte über dem Denkmal auf – die Bauarbeiten schienen mir den ganzen Weg von New York hierher zu folgen. Obwohl der Park geschlossen war, konnte ich die Brüder durch den Maschendrahtzaun sehen. Hubert mit Buch in der Hand, Jan mit Farbpalette, begrüßt von den Stadtbewohnern mit Lorbeeren, um ihnen für ein Meisterwerk zu danken, das die Bedeutung der Stadt vom Mittelalter bis heute erhöht.

Der Wind frischte auf und es drohte zu regnen. Ich umrundete die gesamte Kathedrale und erforschte Nischen, in denen Renovierungsarbeiten durchgeführt wurden. Eine Künstlerin fiel mir ein, die Masken aus gefundenen Metallstücken herstellte, und plötzlich sah ich einen Metallschnipsel zu meinen Füßen, der für ihre Arbeit wie geschaffen war. Sekunden später stellte ich mir Nägel vor, wie sie ein Zimmermann in einem anderen

Zeitalter benutzt haben könnte, und vor mir lag plötzlich ein alter Nagel. Ich erinnerte mich an die Überreste der Festzüge in Chinatown und stieß auf eine Gruppe struppiger Bäume, an denen verblichene Luftschlangen hingen. Als ich an nicht zugänglichen Haufen roter Backsteine vorbeiging, wünschte ich mir einen Brocken davon, um damit zu schreiben, und um die Ecke erwartete mich ein solcher Brocken, zusammen mit einem kleinen tafelförmigen Stein, der gerade Gestalt anzunehmen schien, als ich daran dachte. Der Himmel verdunkelte sich, und als ein starker Wind aufkam, beschleunigte ich leicht aufgeregt mein Tempo, die Taschen randvoll mit Schätzen.

Später, nachdem ich sintflutartigem Regen die Stirn geboten hatte, traf ich mich mit den sympathischen Mitarbeitern des Museums und durfte mir von nahem das Werk Jan van Eycks und schöne Beispiele seines großen Einflusses auf spätere Künstler ansehen. Ich stand vor der Tafel des Verkündigungsengels Gabriel, mit Flügeln von der Farbe einer aufgeschnittenen afrikanischen Feige, der gegenüber sich die von Maria befand, die Falten ihres Gewands in Licht getaucht. Ich neigte den Kopf und sprach ein kurzes Gebet für meine Schwester. Es war der 16. Februar, ihr Geburtstag, und ich stand vor der Tafel, die vor über einem Jahrzehnt unser heimliches Abenteuer beflügelt hatte, bei dem ich ein leicht unscharfes Polaroid machte, das ich immer in Ehren halten werde.

Und die Teile fielen rings um mich herab wie Schnee und formten ein Bild des Winters. Ein Zeitraum, in dem ich mit so vielen mystischen Momenten belohnt wurde, einem roten Steinbrocken, einer Kastanie, einem verrosteten Metallschnipsel, einem Nagel und einem flachen Stein, geformt wie eine alte Tafel.

Obwohl diese Objekte wenig von der Großartigkeit des Werks ahnen ließen, das ich gesehen hatte, verhalfen sie mir zu meiner neu gefundenen Zufriedenheit. Mit der Sorgfalt eines Privatdetektivs packte ich sie in eine saubere Plastiktüte. Zeugnisse, die an den relativen Wert unbedeutender Dinge erinnern.

DIE VERSCHWUNDENE TAFEL DER GLOBALEN EINREISE

Im Flugzeug schaute ich *2001: Odyssee im Weltraum* und trieb dahin, gerade als der Urmensch den schwarzen Monolithen berührte. Ich verschlief fast den ganzen Flug und träumte, dass die fehlende Tafel der gerechten Richter in einem schwarzen Leichensack an der Oberfläche der Ostsee trieb. »Gefunden!«, rief eine euphorische Öffentlichkeit. In einem Gerichtssaal wurde jedoch verfügt, der Sack müsse geschlossen bleiben, damit er nicht in den liederlichen Staub der Zukunft zerfiel. Es folgten Diskussionen, doch gerade als die Schlussfolgerungen gezogen wurden, klopfte mir jemand auf die Schulter. Als wir über dem Flughafen Newark kreisten, schnallte ich mich an und schrieb alles auf eine breite Serviette, die ich versehentlich in einen Abfallkorb warf, als ich meine Taschen auf dem Weg zum Zoll leerte.

Meine kurze Reise rief mir in Erinnerung, nicht zu vergessen, dass es Universen innerhalb von Universen gibt, und eine fließende Gesellschaft, die den Wert von kleinen Dingen erkennt, mit denen das Schicksal uns beschenkt, um Wege mit unvorhergesehenen Hindernissen zu bewältigen. Als ich in der Schlange stand, erhielt ich die Nachricht, dass mein Antrag für das Global-Entry-Programm abgelehnt wurde, weil ich eine Bewohnerin von New York bin. Strafmaßnahmen, verhängt von der gegenwärtigen Regierung gegen einen Staat, der zumindest ein gewisses Maß an Mitgefühl für jene hat, die einen Zufluchtsort brauchen.

Es muss Gutes geben in der Welt

DIE TAFEL FÜR DEN SMARAGD DER GERECHTIGKEIT URTEILS

Auf der verzweifelten Suche nach einem Impfstoff wurden nicht weniger als fünfundzwanzigtausend Makaken vorsätzlich mit einem tödlichen Erregerstamm des Coronavirus infiziert. Diese Makaken wurden als Laboraffen deklariert, als wären sie eine eigene Spezies, nur entstanden , um der Menschheit zu dienen. Ihre kränklichen Gesichter waren nicht die der intelligenten, verschmitzten Affen, die im Mondjahr 2016 regierten. Würde ein Gremium von quirligen Ratten wirklich fähig sein, sie aufzuheitern? Vielleicht werden wir eines Tages dafür verurteilt, dass wir sie, wenn auch nicht einvernehmlich, geopfert haben. Ich versuche, das Bild auszublenden, wie ihre traurigen Augen durch Drahtkäfige spähen, während sie sich fragen, was aus ihnen – und was das angeht, auch aus uns – wohl werden wird.

Der Akt des Schreibens in Echtzeit, um ihr auszuweichen, zu entkommen oder sie zu verlangsamen, ist offensichtlich vergeblich und doch nicht ganz fruchtlos. Selbst während ich diesen Epilog zu einem Epilog schreibe, ist mir bewusst, dass er zu dem Zeitpunkt, wenn man ihn liest, hinfällig sein wird. Doch wie immer drängt es mich zu schreiben, mit oder ohne echtes Ziel, ich muss Fakten, Fiktion und Träume mit glühenden Hoffnungen verweben und dann nach Hause zurückkehren, um mich an den

Schreibtisch zu setzen, der einst meinem Vater gehörte, und übertragen, was ich geschrieben habe.

Sam und ich bedauerten oft, dass wir den Drang zu schreiben so zäh verfolgten, unabhängig davon, ob er zu etwas führte oder nicht. Ich merke, wie gesegnet ich war, dass ich ihn den größten Teil meines Lebens als Gesprächspartner hatte. Wir waren menschliche Bojen, die das Werk des anderen trugen, auch wenn er seinen schwierigsten Kampf, einen, den er spirituell gewann, als Mensch auf Erden verlor.

Ich bin jetzt allein, aber letztlich kann ich noch mit ihm reden, so wie ich es auch mit anderen geliebten Menschen tue, die für mich nicht wirklich tot sind. Ich kann mich in das Land der spätabendlichen Unterhaltung versetzen, wenn Sam aus Kentucky anrief und wir über alles Mögliche sprachen, vom Fahren auf Frachtkähnen bis hin zum Umschiffen der Einsamkeit. Wir dachten oft darüber nach, warum Schriftsteller, die bei ihrer Arbeit etwas Unklassifizierbarem nachspüren, meistens gezwungen sind, ihrem Werk ein Etikett aufzudrücken, das es als Fiction oder Nonfiction ausweist. Wir genossen es beide, ein so einzigartig facettenreiches Buch zu schreiben, dass man große Mühe hätte, es dem einen oder anderen zuzuordnen.

Bevor ich ihm gute Nacht sagte, bat ich ihn, mir noch einmal die Geschichte von Cortez und dem Smaragd der Gerechtigkeit zu erzählen, wobei ich gelegentlich einschlief, den Hörer in der Hand, bevor er fertig war. Die Geschichte beginnt mit einem Geschenk Montezumas an Hernández Cortez, ein handtellergroßer Smaragd von der Farbe des Meeres, mindestens neunhundert Karat schwer, an einem Lederband befestigt. Er hatte eine rechteckige Form, wie eine Tafel, auf der die heiligen Worte des

Gesetzes eingraviert waren. Und dieser Smaragd besaß angeblich mystische Eigenschaften, die Montezuma bei seinen Entscheidungen leiteten.

Sams Versionen veränderten sich ständig, lösten sich von der Geschichte und sind jetzt in der Erinnerung fragmentiert wie die wechselnden Trailer eines Films. Bestimmte Bilder aus Sams Geschichten kann ich auf die geöffneten Tafeln eines gewaltigen Triptychons projizieren. Das Mittelstück zeigt den Entdecker, wie er im Abgrund dümpelt, ein Arm senkrecht hochgestreckt, das Lederband um sein dickes Handgelenk gebunden, während der Smaragd ihm in die geballte Faust schneidet, auf den Seitentafeln wogt die aufgewühlte See, die kriegführenden Wellen von Turner.

Cortez wird vom Schiffsdeck in den Mahlstrom geschleudert. Die Natur beobachtet ihn amüsiert. Der Bursche hat außerordentlich wenig Menschenverstand. Ist er bereit, dafür zu sterben? Er kann weder essen noch trinken, warum also dieser leidenschaftliche Versuch, ihn zu retten? Die tosende See spuckt ihn aus, er ist gerettet, die Beute noch immer fest in der Hand. Am Ende jedoch ist nichts gewonnen. Cortez ist nicht in der Lage, den transzendenten Wert des Edelsteins zu erfassen, und ihm wird nicht mehr Macht gewährt als den Nazis, die den Speer besaßen, mit dem angeblich die Seite Jesu durchbohrt wurde. Dem Speer wurden göttliche Eigenschaften zugesprochen, doch er brachte ihnen nichts. Denn solche Objekte besitzen ihren eigenen Kodex, nämlich dass die goldene Schale zum Guten hin geneigt sein muss. Und es muss Gutes geben in der Welt, damit sie besteht. Genau das würde einem der Smaragd der Gerechtigkeit, in dem Montezuma ein Orakel sah, trotz seines stoischen Schweigens sagen, würde man ihn reinen Herzens befragen.

Jerry Garcia, Fillmore West

POSTSKRIPTUM TAFEL

Um vier Uhr früh weckt mich das wütende Geschrei eines Mannes irgendwo unten auf der Straße. Von meinem Fenster aus sehe ich die Silhouette der Friedenspagode, während die über den blauschwarzen Himmel ziehenden Wolken einen leicht schlierigen Vollmond entblößen. Eine Sirene geht los, und doch kann ich ihn hören, halb Wolf, halb menschliches Geheul. Eine neue Nachricht, dass die gesamte Bevölkerung Italiens unter Quarantäne steht, ein Land im Lockdown. Ich stelle mir Kaffeehäuser mit goldenen Espressomaschinen vor, Museen, Theater und die gewundenen Straßen, menschenleer per Dekret. Ich denke an Mailand, wo im Dominikanerkloster Santa Maria delle Grazie eine Wand Leonardos *Abendmahl* schmückt, dessen schimmernde Überreste gespenstisch über die verängstigten italienischen Provinzen wachen. Eingeschlossen erwarten sie das Virus wie eine drohende Invasion. Und hier verabschiede ich mich, an einem Punkt, an dem verheerende Strategie im Widerstreit mit Weitsicht und Vernunft steht.

Ich schließe mein Tagebuch in der Garderobe des Fillmore West, wo alles begann, an meinem 69. Geburtstag, der das Jahr des Affen einläutete. In dem historischen Korridor schließe ich mich der Band an, bleibe kurz vor der Nische stehen, in der das Bild von Jerry Garcia auf uns herablächelt, dann gehen wir auf die Bühne, begleitet von der Hoffnung, unsere Musik möge ein wenig kollektive Freude bringen.

New York, Gent, San Francisco

SANTA CRUZ
Dream
Inn

FOTOVERZEICHNIS

Die Bilder auf den Seiten 10 und 201 sind frei zugänglich.
Alle Fotos von Patti Smith.

ANMERKUNG ZUM SCHRIFTTYPUS

Pierre Simon Fournier *le jeune* (1712–1768), der die in diesem Buch verwendete Schrift schuf, war Erfinder und Sammler von Schrifttypen. Mit eigens von ihm entworfenen Lettern, Ornamenten und Initialen sowie der Standardisierung von Schrifttypen reformierte er die Kunst des Buchdrucks. Fourniers Schrifttypen sind Antiquas mit scharfen Konturen. 1764 und 1766 veröffentlichte er sein *Manuel typographique,* eine Abhandlung über die Geschichte des Buchdrucks und der Typografie in Frankreich, über die Schriftgießerei in allen Einzelheiten und seinen wohl wichtigsten Beitrag zur Typografie – den Punkt als Einheit der Schriftgröße.